KB126748

들여다 보는
심리학

데니스 웨이틀리외 지음 김용환 편역

경영자료사

심리학을 알아야 인생이라는 게임에서 승리할 수 있다

인생이라는 게임에는 재시합도 없을 뿐더러 심지어 자신이 꿈꿨던 일이 무너져 내리는 일도 많다. 그러나 인생이라는 게임은 더 없이 정직하다. 마지막 총성이 울릴 때까지 누가 승자가 될지, 또 누가 패자가 될지 아무도 모른다.

그런데 인생이라는 게임을 치르는 사람들은 다음과 같이 세 가지로 분류할 수 있다.

첫째는 구경꾼이다.

그들은 자신들에게서 일어난 일인데도 구경꾼처럼 쳐다보기만 한다. 거부당하고 놀림을 당할까 두려운 것이다. 또한 그들은 다칠지도 모른다는 두려움에 게임을 포기하기도 한다. 그들은 패자도 승자도 아닌 그저 그런저런 삶을 살고 있는 것이다.

두 번째는 패배자들이다.

서 패배자들이란 물질적으로 비참한 삶을 사는 사람들을 말하는 것은 아니다. 풍요로운 생활을 하면서도 성공하지 못하는 사람들이다. 그들은 남들과 다르게 살려고 노력하지 않는다. 그들은 비슷한 사람들과 함께 살면서 자신이 가지고 있는 힘마저 탕진해버린다.

마지막으로 소수의 승리자들이다.

이들은 직장, 가정, 지역, 사회 어디에 있든 최선을 다한 삶을 살고 있다. 더 나아가 자신과 다른 사람들에게 도움을 주려고 목표를 세우고 또 그 목표를 달성한다.

소수의 승리자가 되기 위해서는 인간관계에서 심리적으로 상대를 이겨야 한다. 상대를 이기기 위해서는 상대의 심리를 알고 있어야 한다. 상대를 알기 위해서는 인간의 본성에 숨어 있는 보편적인 법칙을 알아야 한다.

그 다음으로는 자기 자신을 극복할 수 있어야 한다. 목표를 향해서 자신을 채찍질하며 나아가야 한다.

본서는 SECTION 1에서는 인간관계에 심리적으로 이기는 방법을 제시했으며, SECTION 2에서는 목표를 향애 나아가기 위한 준 과정을 제시했다.

저자

지금은 심리학의 시대이다.

요즘 정치, 경제, 사회 등 모든 분야에서 커다란 전환기를 맞이하고 있다.

생활면에서도 자연재해와 함께 지금까지는 생각지도 못했던 일들이 일어나고 있다. 흉악한 범죄들이 발생하고 사회의 안전이 붕괴되어 가고 있다.

물질면에서는 예전과 비교할 수 없을 정도로 풍부해졌지만, 정신면에서는 걱정과 불안이 증가하여 "그래도 옛날에 살기가 좋았다."라고 말하는 사람들조차 있을 정도다.

비즈니스에 있어서도 커다란 전환기를 맞이하고 있다. 시장의 성숙화로 인해 수익이 늘지 않게 되었을 뿐만 아니라, 경쟁을 제한하고 있던 각종 규제가 완화되어 자유로이 경쟁을 펼치게 되면서 기업 간의 경쟁이 더욱 치열해지고 있다. 더욱이 지금까지의 경쟁 상대는 국내기업이었지만, 규제완화로 인해 외국 기업도 손쉽게 국내 시장에 진출할 수 있게 되면서 범세계적인 대경쟁의 시대로 돌입했다.

기업 환경 역시 변하여 예전처럼 직위나 권위를 가지고 아랫사람을 복종시키는 시대는 지났다. 고객 역시 다양해지고 복잡하여 그저 좋은 제품만으로 경쟁에서 이기는 시대는 지났다. 고객의 욕구가 무엇이며, 진심으로 무엇을 원하는지 그 심리 상태까지 파악하지 않으면 판매가 어려워지고 있다.

하지만 이러한 상황을 부정적으로만 생각해서는 아무런 대책이 서지 않는다. 이러한 커다란 시대의 변화의 흐름을 파악하는 것이 중요하다. 넘어서야할 벽으로 보고 그 벽을 넘어설 방법을 생각해야만한다.

그렇다면 구체적으로 어떻게 해야 하는 것일까? 우선 중요한 것은 사람도 기업도 변해야 한다는 것이다. 지난 날의 연장선상에 서 있기만 한다면 시대에 뒤처지게 될 것이다.

그렇게 되지 않기 위해서는 새로운 대안을 찾아야 한다. 오늘 날 새로운 대안으로 떠오르는 것이 바로 심리학이다. 심리학에서 인간에 관한 모든 문제와 해결책을 찾고 있는 것이다. 세상을 움직이는 것은 인간이고, 인간의 마음을 알아야 사람을 움직일 수 있으며, 인간을 제대로 말해주는 것이 심리학이기 때문이다. 그러면 심리학의 역할은 무엇일까?

사람이 왜 저런 행동을 할까, 그 근원은 무엇일까? 하는 의문은 인류가 생긴 이래 모든 사람들이 공통적으로 갖는 의문이었다. 이 의문을 푸는 것이 옛날에는 촌락의 원로들이었다가 다음에는 종교의 사제들과 철학자들의 몫이었으나 지금은 심리학의 몫이 되었다.

　오늘날과 같은 복잡한 세상을 살아가면서 인간의 심리 역시 다양하고 복잡해져 가고 있다. 이렇게 복잡하게 얽히고 얽힌 인간의 심리를 꿰뚫어 보고 거기에 합당한 방법과 지혜를 찾는 것이 심리학이다.

차 례

SECTION 1 인간관계에서 이기는 심리학

SECTION 2 성공의 10대 원리

인간관계에서 이기는 심리학

PART 1

심리학을 아는 사람은
자신감이 넘친다

01 자신감을 갖는 비결

● ● ● 현명한 사람은 과거에 성공했던 경험에는 집중하지만 실패했
던 경험은 잊어버린다. 그들은 오류와 실수를 당연한 과정으
로 여기고, 그것들을 마음에서 지운다.

성공의 토대는 바로 자신감에 있다. 어떤 새로운 일을 시작할 때면
자신감이 떨어지게 마련이다. 경험해보지 않았기 때문에 잘 해낼 수
있을지 걱정하는 것은 당연하다. 이것은 자전거나 스키, 혹은 비행기
를 조종하는 법을 배울 때나 심지어 사람들을 지도할 때도 마찬가지
로 적용된다. 성공이 성공을 낳는다. 현명한 사람이라면 과거에 성공
했던 경험에는 집중하지만 실패했던 경험은 잊어버린다. 그들은 오류
와 실수를 당연한 과정으로 여기고, 그것들을 마음에서 지운다.

그러나 대부분이 과거에 실패했던 기억들을 떠올리고 성공했던 기
억들을 잊어버림으로써 스스로 자신감을 없애버린다. 우리는 실패한
경험뿐만 아니라, 그때 느꼈던 쓰라린 감정까지도 마음속에 깊이 새
겨둠으로써 자신을 못난 사람으로 만든다. 실패에 연연하지 않는 사
람이 진정한 승리자다. 성공의 경험을 떠올리고 그것을 마음속 깊이

새겨라.

자부심을 키우기 위해서는 작은 성과일지라도 거기에 집중하고, 실패와 부정적 결과는 단지 다음 성공을 위한 교두보로 바라보는 것이 중요하다. 그렇게 하려면 모든 것을 긍정적으로 바라보던 어린 시절의 눈과 마음을 되찾아야 한다. 더불어 다른 사람과 비교하지 말고 오직 자신의 능력, 관심사, 목표에 맞춰 자신을 바라보라. 그러면 자존감을 높이고, 좋은 습관을 익히는 데 좀 더 주의를 기울일 수 있다.

감정보다는 이성에 따라 행동을 결정할 때 자부심은 더욱 커진다. 감정은 잠재의식에서 분출된 즉각적인 반응으로, 감정적으로 반응하는 것은 지혜와 이성적인 마음에서 나오는 힘을 무력화 시킨다.

성공한 사람들은 사랑, 흥분, 즐거움, 연민의 깊은 맛을 탐구하는 아이처럼 자신의 감정을 즐길 줄 안다. 그러면서도 그들은 논리와 상식에 따라 삶을 만들어가는 결단을 내리기도 한다. 이와 같은 이유로 부부는 감정뿐만 아니라 이성에 따라 결혼 생활을 유지해 갈 때 더 탄탄한 가정을 꾸릴 수 있다.

자부심을 키우고 유지하려면 더 나은 곳을 찾아 헤매는 대신 지금의 자리에 만족하고 그 속에서 기쁨과 긍지를 찾아야 한다.

"지금 이 순간 당신이 서 있는 그 속에서 '다이아몬드'를 캐내라."

이것이 바로 우리가 마음속에 새겨야 할 진리다. 즉, 낯선 곳을 찾아 헤매지 말고 당신 내면의 태도를 바꾸라는 말이다.

02 자부심을 높이는 방법

• • • 사람들이 자가 자신을 어떻게 받아들이고 있는지 잘 알 수
있는 좋은 자료 가운데 하나는 남들의 칭찬을 받아들이는
태도이다.

자부심을 높일 수 있는 비결은 자신과 긍정적인 대화를 나누는 것
이다. 깨어있을 때마다 자기 자신은 물론 자신의 성과에 대하여 긍정
적인 생각을 불어넣어 주어야 한다. 경직되어 있는 자아가 훗날에 더
높고 드높은 기준에 순응할 수 있도록 조정해줘야 하기 때문이다.

최근 한 연구에서 무심결에 내뱉은 말과 생각이 신체 기능에 얼마
나 큰 영향을 미치는지 밝혀봤다. 생각으로 체온이 높아지거나 낮아
지고, 호르몬을 분비하며, 근육과 말단신경을 이완시키고, 혈관을 수
축시키거나 팽창시키고, 맥박을 낮추거나 높일 수 있다는 것이다. 이
것은 곧 우리가 자신에게 하는 말조차 가려서 해야 한다는 근거가 된
다. 이런 이유로 심리학을 이는 사람들은 말이나 행동에서 '자신을 비
하하는 말'은 좀처럼 하지 않는다.

하지만 이들과는 달리 곧장 이런 말의 덫에 갖히는 사람들이 있다.

"나는 할 수 없어."

"나는 얼간이야."

"내가 이런 사람이라면……"

"알았어요. 그런데 말이죠……"

심리학을 아는 사람은 다음과 같은 말을 건넨다.

"나는 할 수 있어."

"내가 기대하는 것은……"

"다음에는 반드시 잘 해내고 말거야."

"기분이 점점 좋아지고 있어."

사람들이 자가 자신을 어떻게 받아들이고 있는지 잘 알 수 있는 좋은 자료 가운데 하나는 남들의 칭찬을 받아들이는 태도이다. 놀랍게도 자부심이 낮은 사람은 다른 사람이 그의 가치를 인정해 줄 때 조차도 자신을 깎아내리고 있다.

"일처리가 완벽한데요."

상사나 남이 이렇게 칭찬을 해주면 자부심이 낮은 사람은 이렇게 대꾸한다.

"뭘요, 운이 좋았을 뿐인데요."

자부심이 낮은 사람은 자신을 굴욕적으로 낮출 때 겸손의 가치가 높아진다고 착각하고 있는 것이다. 그리고 더욱 놀라운 사실은 사람들의 찬사를 대부분 부정적으로 받아들인다는 사실이다.

이와는 달리 심리학을 아는 사람들은 일상생활 속에서 "고맙습니다."라는 말로 찬사나 칭찬을 받아들인다. 희극 배우 밥 호프는 자기

17

를 칭찬하면 언제나 "고맙습니다."라고 답했으며, 유명한 영화 감독인 프랭크 부어맨도 자기를 칭찬하면 "고맙습니다."라고 답했다.

자신에게 긍정적인 마음을 불어넣어 최고의 삶을 산 사람들은 거의가 높은 자부심을 지니고 있었다.

분야를 막론하고 최고의 자리에 오른 사람들은 예외없이 자신을 특별한 존재로 받아들이고, 자신의 모습 그대로 인정하며, 더불어 다른 사람들 앞에서 자신을 숨김없이 드러냈다. 흥미로운 것은 이들은 언제나 사람들의 관심과 지원을 받았다는 사실이다. 그들은 심리학을 알아서 사람들의 마음을 제대로 알고 인도했기 때문이다.

03
자기 과신과 자신감 부족의 문제점

• • • 자신감은 오만과 절망 사이의 균형점이다. 오만한 사람은
실패를 통해 결점이나 약점을 보며, 절망한 사람은 실패를
통해 자신의 힘을 깨닫는다.

자신감이란 당신이 원하고 있는 결과에 대하여 긍정적으로 기대하
는 것이라고 말할 수 있다.

자신감은 돈과 시간, 평판, 감정적 에너지, 그 밖에 다른 자원을 투
자하거나 또는 투자를 하지 않으려는 의지에 영향을 준다. 이러한 투
자 혹은 투자를 하지 않는 행동은 임무 수행 결과를 좌우한다. 이렇게
보면 자신감은 문명의 중심에 위치하고 있는 것이다. 경제, 사회, 조
직 등 모든 것이 자신감에 의해 좌우된다. 우리가 내딛는 모든 걸음,
우리가 하는 모든 투자는 자신이나 다른 사람이 약속한 바를 이행할
것인지에 대해 얼마나 굳게 믿느냐에 따라 결정된다.

자신감은 우리의 발걸음이 작고 조심스러워질지 아니면 크고 담대
해 보일지를 결정한다.

자신감은 오만과 절망 사이의 균형점이다. 오만한 사람은 실패를

통해 결점이나 약점을 보며, 절망한 사람은 실패를 통해 자신의 힘을 깨닫는다.

사람은 자기 과신에 빠지면 지나치게 높이 치켜세우며, 어리석을 정도로 쾌활하거나 망상에 가까울 만큼 낙천적이 되고, 누구도 자신을 이길 수 없다고 믿는다. 자기만족에 빠지는 것이다. 이러한 리더는 기본 원칙을 무시하고, 이러한 투자자는 도박꾼이 된다.

그러나 자신감 부족도 나쁜 점이 너무 많다. 어쩌면 더 나쁠 수도 있다. 자신감 결여는 사람들을 조금 덜 투자하게 만들고, 조금 모자라게 개혁하게 하며 모든 것이 자기를 방해한다고 믿어 결국 노력할 필요가 없다고 단정해버린다.

04
자신감은 승리의 전통을 만든다

••• 자신감은 다양한 상황에서 전망을 제시해 주는 아주 익숙한
단어이다. 선수들의 자신감, 지도자에 대한 국민의 신뢰 등
의 표현에 잘 녹아 있는 말이다.

사람이란 일이 잘 되면 앞으로도 마냥 잘 될 것 같고 무슨 일을 해
도 성공할 것 같다. 이럴 때 기업들은 혁신적인 전망을 제시한다. 투
자유치도 한결 쉬워진다.

그러나 일이 한 번 안 되기 시작하면 모든 것이 안 풀릴 것 같고 기
분이 처진다. 장기 침체된 경기가 회복되기 어렵고, 스포츠 팀이나 회
사 등이 아무리 발버둥쳐도 계속된 슬럼프에서 헤어나지 못하는 것도
그 때문이다.

모든 개인이나 기업은 행운 또는 악운의 주기에 말려들 수 있다. 이
때 일어서느냐 주저앉느냐는 대개 자신감에 달려있다.

자신감은 기대치와 수행결과, 투자의 성과를 잇는 연결고리다.

자신감은 다양한 상황에서 전망을 제시해 주는 아주 익숙한 단어
이다. 선수들의 자신감, 지도자에 대한 국민의 신뢰 등의 표현에 잘 녹

아 있는 말이다.

상승기로에 있을 때 성공은 긍정적 추진력을 만든다. 이길 것이라고 믿는 사람은 어려운 순간에도 확실히 성공하기 위해 남들보다 몇 배 노력한다.

반대로 하락세일 때는 실패확률이 점점 더 높아진다. 따라서 무슨 일이든지 일단 긍정적 또는 부정적 방향으로 치닫기 시작하면 그 추진력은 멈추기가 힘들다. 성장기에는 낙관론을 낳고, 퇴보기에는 비관론을 낳는다. 이러한 경향을 알고 있으면 고질적인 문제로 흔들리는 사업체도 회복가능성을 예측할 수 있다.

한편 패자들은 항상 패배할 운명인 듯 보인다. 아무도 패자를 믿어주지 않고 그들에게 투자하지 않으며, 아무도 패자들의 회복을 돕지 않기 때문이다. 부자가 점점 부유해지고, 가난한 자가 점점 더 가난해지는 이유도 그것 때문이다.

승리와 실패의 패턴은 사업에서나 스포츠에서 쉽게 볼 수 있다.

패턴이 생기면 연승과 연패의 운은 스스로 추진력을 더해 가며, 승리 혹은 패배의 확률을 더 높인다.

승리가 만들어내는 긍정적 기운은 주변의 모든 요소를 지배한다. 긍정적인 집단행동을 부추겨 다음 번의 승리 가능성을 높이는 후광효과만 봐도 그렇다.

승리는 최고 자질을 갖춘 선수나 충성스러운 팬 군단 등 승리를 반복할 수 있게 재투자 할 수 있는 자원을 더 쉽게 끌어들인다. 반면에 실패는 이러한 것들을 쫓아버린다.

05
자신감은 자신의 가능성을 믿게 한다

● ● ● 한 사람의 자신감이 넘치고 확신에 찬 말 한 마디가 수많은
사람들에게 자신감을 심어주어 행복하게 만든다.

심리학을 아는 리더는 자신의 가능성을 믿고 그것을 자신있게 나
타낸다.

세계 최대 손해보험 회사인 에이온 그룹 회장인 클레멘트 스톤은
매일 아침 직원들에게 이렇게 말한다.

"나는 오늘 기분이 좋다! 나는 오늘 건강하다! 나는 오늘 멋지다."

클레멘트 스톤은 매일 아침 확신에 찬 이 세 문장의 말로 수십 만
명의 영업사원들에게 자신감을 불어넣어 화사를 대그룹으로 만들었
다.

한 사람의 자신감이 넘치고 확신에 찬 말 한 마디가 수 많은 사람
들에게 자신감을 심어주어 행복하게 만든다.

말의 위력을 과소평가해서는 안 된다. 우리가 하는 말을 통해서 우
리의 삶이 만들어지고 있는 것이다. 우리에게 다가오는 시련이나 실

패는 성공으로 가는 고속도로이다. 실패가 없는 성공은 없다. 말 속에는 악착같이 끈질긴 노력에 의해 후원 받는 엄청난 창조력이 숨어 있다.

성공한 사람들 중에는 어릴 적 매우 소심한 성격의 소유자가 많다. 그들은 심리적 훈련을 통해 용기를 얻고 성공을 만들었다. 우리의 삶이 자연스럽게 성공으로 향하는 것은 아니다.

현재의 처지에 굴하지 않고 그보다도 훨씬 나은 그 무엇이 자기 안에 숨어 있다고 굳게 믿는 사람들이 성취력이 더 높다.

심리학을 아는 사람은 자아 이미지부터 바꾸었다. 그들은 자신감을 갖고 새로운 삶을 살아갔다. 헌 옷에 새 조각을 덧대지 않았다. 과거를 떨쳐버리고 새롭게 시작했다.

자신감과 비전은 모든 변화에 근본적인 역할을 한다. 노력에 의해서 꿈이 꿈으로 끝난 것이 아니라 현실이 되는 것이다. 자신이 이루고 싶은 것을 명확하게 알아야 한다.

작은 생각만큼 성취를 제한하는 것은 없다. 자유로운 생각만큼 가능성을 확장하는 것은 없다. 따라서 자신감을 갖고 보다 넓은 사고를 해야 한다.

PART 2

특별한 성격의 소유자들과 대처법

01
허세를 부리는 사람

• • • 허세를 부리는 사람은 자존심이 강한 사람이라고 할 수 있
다. 혼자만 똑똑하고, 자기말만 계속 늘어놓아 다른 사람이
말하는 것은 귀를 기울이지 않으려 한다.

우리 주위에는 자기 자랑을 늘어놓지 않으면 직성이 풀리지 않는
사람이 있다. 특히 이런 사람은 누가 자랑 비슷한 말만 해도 자기 자
랑에 열을 올린다. 누가 다른 사람을 칭찬하면 금방 얼굴색이 변하면
서 자신이 더 능력이 있다는 것을 알리려고 안달을 한다.

허세를 부리는 사람은 자존심이 강한 사람이라고 할 수 있다. 혼자
만 똑똑하고, 자기말만 계속 늘어놓아 다른 사람이 말하는 것은 귀를
기울이지 않으려 한다.

또 이런 타입은 자신의 능력을 과대평가한다. 그러나 자신감이 넘
쳐 있는 모습과는 달리 일을 맡기면 실력이 따라주지 못하여 해놓은
일이 수준에 훨씬 못미칠 때가 있다.

이런 사람일수록 변명을 밥 먹듯 한다. 그럴 때 누가 "일을 똑바로
해"하고 주의를 주기만 해도 "너나 잘 하세요"라며 화를 내고 토라지

면서 하던 일을 내던져버린다.

이런 사람은 심리학적으로 보면 '승인 욕구'가 강한 사람이라고 할 수 있다. 승인 욕구가 강한 사람은 어릴 때 부모로부터 소외당하여 사랑을 받지 못하고 자란 사람이 많다. 부모가 바빠서 자식에게 관심을 보이지 않았거나, 또 형제들과 비교해 관심과 애정을 덜 받고 자란 사람에게 대체로 이런 허세를 부린다. 꾸준히 노력하면 사람들의 관심과 지원을 받을 수 있지만, 힘이 많이 들기 때문에 허세를 부려 다른 사람의 주목을 받으려는 것이다.

✍ 효과적인 대처법

자기자랑을 쉴틈없이 늘어놓는 사람은 대부분 열등감이 강한 사람이다. 주위에 자신의 단점이나 약점이 드러나면 자존심이 강하므로 자랑으로 자존심을 지키려고 한다. 결국 자기자랑은 열등감의 표현이다. 이런 사람에게는 한 번쯤은 주위에서 불쾌하게 느끼고 있음을 말할 필요가 있다.

이런 타입에게 그가 이전에 얘기했던 것과 똑같은 것을 가지고 자랑해 보라. 그가 눈치있는 사람이라면 그것을 듣고 자기 자신을 되돌아볼 것이다. 그래도 자기자랑을 하면 그 자리를 뜨는 것이 상책이다.

남에게 기대려고 하는 타입의 사람

● ● ● 이런 타입의 사람은 아무리 도와주어도 고마움을 모른다. 자신감 결여와 강한 불만은 어릴 때 부모와의 관계에서 발생한 욕구불만이 그 원인인 경우가 많다.

자립심이 강한 사람은 사랑을 받는 것만큼 주는 것도 중요하다고 생각한다. 그런 사람은 자신에게 바치는 헌신이나 사랑을 기대하며 누구나 자기만을 사랑하고 인정해주어야 한다고 생각하지 않는다.

그러나 수동적이고 남에게 의존적인 사람은 운명을 다른 사람, 환경, 운세 탓으로 돌린다. 그런 사람은 다른 사람이 자기 생각, 평가, 사랑, 행동 등에 대해 배려하고, 책임져야 할 의무가 있다고 생각한다. 또 상대방에게 비합리적인 요구를 하고 그것이 충족되지 않으면 야속하다고 생각하여 그를 비난한다. 그러나 인생은 그러한 것이 아니다.

그런데 왜 이런 타입은 남에게 의존만 하고 도움 받는 것을 당연하게 생각하는 것일까? 이런 사람은 자립심이 없고 의존심이 강하여 다른 사람에게 요구하고 부탁하는 것으로 인간관계를 유지해 나가려고 한다. 그는 도움을 줄 수 있는 사람에게 도움을 요구하는 것은 당연하다는 논리를 가지고 있다. 이런 타입은 아무리 도와주어도 고마움을 모른다. 자신감 결여와 강한 불만은 어릴 때 부모와의 관계에서 발생한 욕구불만이 그 원인인 경우가 많다.

🍃 효과적인 대처법

이런 타입으로부터 시달림을 받지 않으려면 도움을 요청할 때 단호히 거절해야 한다. 그러나 말처럼 쉬운 일이 아니다. 마음의 갈등을 겪어야 하고 양심과 도덕을 부정하지 않으면 안 되기 때문이다. 그러나 의연한 태도를 취하지 않으면 좋은 관계를 유지할 수 없다. 계속 동정해 주면 요구가 줄을 이어 오히려 당신과의 좋은 관계가 깨질 수 있다. 이런 사람에게 당신의 시간과 에너지를 빼앗긴다면, 그런 사람을 돕는 것이 당신의 삶의 보람이 되어버리는 기묘한, 서로 의존 관계가 되어 버린다. 이런 사람과는 확실한 선을 그어야 한다.

03
푸념을 늘어놓는 타입의 사람

••• 자기 이야기를 할 때에는 열을 올리고 침을 튀기면서 떠들
어대지만 다른 사람의 이야기를 들으려고 하지 않는다.

듣는 사람이 별로 관심이 없는 말을 계속 늘어놓는 사람이 있다. 그
와 가까운 사람이라면 "야, 별로 재미없다. 화제를 다른 곳으로 돌리
자."라고 할 정도이다.

그러나 거리낌 없이 말할 정도의 사이가 아니라면 잠자코 들어줄
수밖에 없다. 듣는 사람이 별로 관심이 없는데도 이런 타입의 사람은
눈치를 채지 못하고 또 개의치 않는다. 처음 듣는 이야기라면 그래도
괜찮다. 더욱 짜증나는 것은 몇 번 들은 이야기를 또 들을 때이다.

이런 사람의 특징은 상대와 서로 마음을 교류하지 못한다는 것이
다. 자기 이야기를 할 때에는 열을 올리고 침을 튀기면서 떠들어대지
만 다른 사람의 이야기를 들으려고 하지 않는다.

인생의 어려운 문제를 자기만 겪고 있는 것처럼 우는 소리를 잘 하
는 읍소 타입의 사람이 있다. 이런 사람이 주위에 있을 때는 상당한 인

내가 필요하다. 혼자서 고민을 껴안고 해결하려고 한다면 주위에 피해를 주는 일은 없겠으나 주위 사람들에게 꼭 푸념을 한다는 것이 문제이다. 주위 사람들을 우울하게 만들고 직장 분위기를 어둡게 한다.

심리학적으로 이런 사람에게는 다음과 같은 심리가 있다.

첫째는 현상을 해결해 보려는 의욕때문에 그럴 수도 있다. 좋게 말하면 건설적인 호소라고 할 수 있다. 이런 경우는 우는 소리가 아니라 현실을 개선해 보려는 몸부림이라고 할 수 있다.

둘째는 불만과 불평을 해소하려는 것이다. 불만 불평을 다른 사람에게 털어놓음으로써 자신의 욕구불만을 해소하려는 것이다. 남에게 자기 마음속에 있는 고민을 털어놓기만 해도 마음이 훨씬 가벼워진다. 이럴 때 당신이 그런 사람의 말을 잠자코 들어주면 당신은 카운슬러 역할을 하고 있는 것이다.

마지막으로 절망감과 무력감에서 실패의 원인을 자신이 처한 상황이나 운 탓으로 돌리려는 것이다. 심리학에서는 성공과 실패의 원인이 어디에 있는가를 추론하는 것을 '원인 귀속' 이라고 한다.

효과적인 대처법

사람은 누구나 자기 말을 찬찬히 들어주는 사람에게 호의를 느낀다. 그러나 읍소타입은 상대의 반응에 전혀 신경을 쓰지 않는다. 이런 사람은 이야기 도중에 고개를 끄덕이거나 반응을 나타내면 자기 이야기에 더 빠진다. 그러므로 반응을 나타내지 말아야 한다. 그렇다고 이

31

야기 중에 노골적으로 하품을 하거나 거부감을 나타내면 상대의 기분을 거슬리게 되므로 주의하여야 한다. 가장 좋은 방법은 듣는 척 하면서 한 쪽 귀로 흘려버리는 것이다.

헛소문을 내는 사람

••• 소문을 즐기는 사람의 심층심리에는 힘의 권력, 권위에 대한 강한 집착이 도사리고 있다

사람은 남의 이야기를 하는 걸 좋아한다. 삼삼오오 모여서 입방아를 찧고 "그 이야기 들었어요?" 하고 수근댄다.

악의 없는 소문은 궁금증을 덜어주는 데 도움이 되지만, 악의 없는 소문이란 없다. 큰 비밀이나 나쁜 소문일수록 사람들의 관심을 끈다. "절대 비밀이야. 너한테만 말하는 거야." 라고 서로 약속한 이야기가 소리없이 빨리 퍼진다. 왜냐하면 사람은 어떤 비밀을 어느 누구에게 털어놓고 싶은 충동을 느끼게 되기 때문에 그 반동 작용으로 '누구한테 말하지 말라' 고 하면서 다른 사람에게 그것을 털어놓게 된다.

'발 없는 말이 천리를 간다' 는 말이 있다. 다른 사람의 험담이나 소문은 눈 깜짝할 사이에 진위가 확인되지 않은 채 전해진다. 진위가 확인되지 않은 엉터리 소문으로 상처를 받는 사람이 오늘날 매우 많다. 인터넷을 통해서 퍼진 소문, 악플로 많은 사람들이 자살이라는 극단적인 방법을 택하고 있다.

그러면 왜 사람들은 소문을 즐기는가?

소문을 즐기는 사람의 심층심리에는 힘의 권력, 권위에 대한 강한 집착이 도사리고 있다. 사회심리학에서는 사람이 사람에게 영향을 끼치는 힘을 '세력'이라고 하는데, 그런 세력 가운데 정보세력이라는 것이 있다. 사람은 많은 정보의 세력을 가진 사람에게 영향을 받기 쉽다. 남의 말을 하는 사람은 이런 심리를 잘 알기 때문에 정보를 갖고 있는 체하며 다른 사람의 관심을 끌려하고, 또 라이벌에 대한 나쁜 소문을 퍼뜨려 상대적으로 자기 입지를 세우려고 한다.

🍃 효과적인 대처법

험담가 타입은 자의식이 매우 강하다. 냉정하게 현실을 분석하는 능력이 부족하다.

상대가 어떤 심리와 의도로 그를 대하고 있는지 제대로 알지 못하고 있다. 헛소문을 내고 무엇이든지 의심하고 억측을 하는 사람에게는 우선 긍정적인 해명을 보여주어 납득시켜야 한다. 아무리 자신의 판단이 옳다고 믿는 사람이라도 확실한 증거를 제시하면 주장을 꺾게 된다. 다만 설득에 실패하면 적으로 간주되기 쉽기 때문에 깊숙한 관여는 피하는 것이 좋다.

05
트집만 잡는 사람

● ● ● 열등감을 숨기려고 힘을 내세워 약한 자를 괴롭히고, 자기
를 추월하려는 사람을 깎아내리려고 한다.

칼로 벤 상처보다 말로 벤 상처가 더 깊은 법이다. 별다른 이유없
이 사람에게 불쾌감을 주는 말이나 행동을 하는 사람이 있다. 모두 '괜
찮다'고 생각하는 것도 '안 돼' 하면서 트집을 잡는다. 이런 타입의 사
람은 다른 사람의 신경을 잘 건드린다. 칭찬에도 인색하고 세세한 것
까지 끄집어내어 조목조목 헐뜯는다.

다른 사람의 흉을 들춰내더라도 확실한 대안을 갖고 있으면 참을
만 하지만, 반드시 그런 것도 아니다. 아무런 이유없이 트집만 잡는 것
은 상대를 괴롭히는 것밖에 되지 않는다. 이런 사람은 상대가 보이지
않는 곳에서 욕을 하거나 나쁜 소문을 퍼뜨리는데, 음해를 당해도 근
거가 없기 때문에 대응하기 어렵다.

이런 타입의 사람은 빈정거리기를 잘 한다. 그러나 상하관계가 엄
격하고, 위험한 일은 피하고 안전을 지향하며, 다른 사람에 대한 나쁜

35

소문을 화제로 삼는다.

　상하관계가 엄격하고, 비판적인 말을 많이 함으로 얼핏 보아서 능력이 뛰어난 것처럼 보이지만, 이런 사람의 심리를 잘 들여다보면 강한 열등감으로 가득 차 있음을 알 수 있다.

　열등감을 숨기려고 힘을 내세워 약한 자를 괴롭히고, 자기를 추월하려는 사람을 깎아내리려고 한다. 자기 자리를 지키기 위해서는 수단과 방법을 가리지 않는 방어심리가 강하다. 자기보다 능력있는 사람에게는 열등감과 시기심을 느낀다.

✎ 효과적인 대처법

　이런 타입의 사람은 안 보이는 곳에서 남을 흉보거나 욕을 하므로, 다른 사람이 보는 앞에서 그의 언행에 숨겨져 있는 저의를 확실히 밝혀내어야 한다. 헐뜯는 소리를 하면 가만히 듣고만 있지 말고 그 의미를 확실히 추궁해야 한다. "그러면 어떻게 하면 될까요?" 하는 식으로 상대가 비판하더라도 위축되지 말고 당연히 물어보라.

06
평판에만 집착하는 사람

●●● 이런 사람은 자기중심적인 면과 타자중심적인 면이 서로 갈
등을 일으켜 마음의 안정을 찾지 못한다.

누구에게나 좋은 사람이라는 평판을 얻으려는 사람이 있다. 이런
사람은 자기 때문에 다른 사람이 고통 받는 것을 참지 못한다. 차라리
자신이 괴로운 편이 낫다고 생각한다. 상대에게 상처를 주고 싶지 않
아 단호하게 요구하지 못하고, 상대가 고압적인 자세로 나오면 주눅
이 들어 바로 약해진다.

이런 사람은 가까운 사람에게 어려운 일이 생기면 팔을 걷어붙인
다. 동료가 "문서 작성 작업이 많아 큰 일인데"하고 한숨을 쉬면 "내
가 도와줄게"하고 주저없이 말한다. 긴급한 일이나 곤란한 일이 있을
때 이렇게 도와주겠다고 하면 일을 부탁하는 사람은 내심 안심하게 된
다. 그런데 이런 사람은 경솔하게 말하는 경향이 많으므로 제대로 일
을 하지 못해 피해를 주는 경우도 있다.

모두들 이런 사람을 좋은 사람이라고 하지만, 이런 타입은 시간 관

넘이 없고, 변명을 많이 하며, 약속을 잘 지키지 않고, 부지런하게 보이지만 실행에 옮기지 못하는 단점이 있다. 이런 사람은 말로만 생색을 낸다.

다른 사람으로부터 미움을 받지 않고 호감을 얻으려는 생각에서 다른 사람의 부탁을 무조건 "예스"한다. 인간은 원래 자기중심적인데 반하여 이런 사람은 오히려 타자 중심적인 면이 더 강하다.

이런 사람은 자기중심적인 면과 타자중심적인 면이 서로 갈등을 일으켜 마음의 안정을 찾지 못한다. 표면적으로는 '예스맨' 이지만, 마음속으로는 갈등으로 흔들리고 있다.

🍃 효과적인 대처법

좋은 평판에만 집착하는 이런 타입은 친절하고 다른 사람의 말을 잘 듣기 때문에 친구가 많은 것 같지만, 마음속으로는 언제나 고독감으로 차 있다. 부탁을 거절하면 다른 사람으로부터 따돌림을 당할까봐 두려워한다. 이런 사람에겐 약속을 지키지 않는다고 화를 내서는 안 된다. 화를 내면 그 사람을 아주 우울하게 만든다.

이런 타입은 서서히 맺어지는 인간관계를 원하므로 언제나 세심한 배려가 필요하다.

07
선량하기가 돌부처 같은 사람

• • • 이런 사람들의 침묵 뒤에는 커다란 실패 경험이나 강박관
념, 억압, 무기력, 토라짐, 구두쇠 습성이 숨겨져 있다.

돌부처 같은 사람이란 침묵으로 일관하고, 남에게 폐를 끼치지 않
지만, 함께 일을 할 때에는 부담이 되는 사람이다.

이런 종류의 사람은 상대에게 상처를 줄까봐 바른 말을 하지 못한
다. 잘못했다고 생각하면서도 냉정하게 지적하지 않음으로써 오히려
회사에 피해를 주게 되는 경우도 발생한다. 벌어진 일을 스스로 책임
지려 하지 않고 그 뒤처리를 다른 사람에게 맡기므로 무책임한 면이
있다.

선량한 돌부처 타입은 어째서 마음의 빗장을 걸고 침묵할까? 이런
사람들의 침묵 뒤에는 커다란 실패 경험이나 강박관념, 억압, 무기력,
토라짐, 구두쇠 습성이 숨겨져 있다.

심리학자 게리그먼의 '무기력한 개'에 대한 실험은 유명하다. 그는
원기 왕성한 개의 다리에 족쇄를 채우고 몸을 움직이지 못하게 하고

는 계속 전기 충격을 주었다. 아무리 도망치려고 발버둥쳐도 도망칠 수 없음을 안 개는 전기 충격에도 더 이상 반응을 보이지 않았다. 그런 뒤 족쇄를 풀고 전기충격을 주었다. 개는 충격에서 벗어나려고 도망을 칠 줄 알았는데 그대로 받아들이고 있었다. 무기력한 개가 되고 만 것이다.

사람도 마찬가지다. 사업에 실패하고, 친구나 동료에게 배신당하고, 상사로부터 계속 지적을 받아온 사람은 욕구나 감정을 마음속에 담아두고는 무기력해버린다.

모든 일이 순조롭게 풀려가던 사람도 좌천이나 퇴직을 당하면 그 충격으로 말수가 적어진다고 한다. 그에게는 에너지가 없는 것이 아니라 순간적으로 침체된 상태가 되어버리는 것이다.

🖎 효과적인 대처법

선량한 돌부처 타입은 심성이 착하다고 보기보다는 남에게 말이나 행동에서 실수를 저지르지 않고 잠자코 있으면 좋은 사람이라는 평판을 들을 것이라는 생각을 하고 있다. 또 다른 사람의 마음에 상처를 입힐까 하는 두려움을 느끼고 있다.

콤플렉스를 건드리면 돌부처도 움직인다. 이런 종류의 사람은 인내를 가지고 그에 대한 기대감을 계속 나타내 주어야 한다. 또한 과거의 괴로운 경험에 공감을 표시하는 것이 좋다.

실수를 못 봐 넘기는 타입

••• 비판은 상대의 결점을 지적하여 자기의 결점을 감추려고 하는 것이라고 할 수 있다. 비판은 순수하게 비판으로 그쳐야만 마찰을 피할 수 있다.

"정신들 차리라고, 지금이 어떤 땐데 숙덕거리고 있는 거야?"

팀장은 회의실에 들어서기가 무섭게 소리부터 지른 후 부하 직원이 제출한 기획안을 혹평하기 시작한다.

"자넨 한두 살 먹은 어린애도 아닌데 몇 번씩 얘기를 해야 알아듣나? 자넨 머리가 나쁜 거야 아니면 생각이 없는 거야?"

처음부터 끝까지 질책과 비판으로 일관된 회의를 마치고 나오는 팀원들은 한 마디씩 한다.

"똥이 무서워 피하나 더러워 피하지! 미친 개한테 물리면 나만 손해지 뭐."

"벌집 건드려 봐야 벌한테 쏘이기만 할 뿐이야. 안 건드리는 것이 상책이야!"

실수를 못 봐 넘기는 타입은 사적인 감정으로 공적인 일을 질책한다.

생각에 생각을 거듭하고 자료를 충분히 찾고 정리하여 기획안을 제출하였는데도 발표가 끝나기가 무섭게 "그게 아이디어라고 생각해? 이 기획안은 결점투성이야!"라고 하면서 서슴없이 비판하는 상사가 있다. 이런 타입의 상사는 비평가 타입이라고 할 수 있다.

그러면 왜 이런 타입은 그렇게 비판에 열을 올릴까? 이런 타입에 세 가지 유형이 있다.

첫째 타입은 분석력이 뛰어나 다른 사람의 결점을 정확히 집어내는 사람이다. 자기 결점을 알지 못하는 사람에게 결점을 알려주는 사람이다. 이런 상사를 부하는 능력 있는 상사라고 부른다.

둘째 타입은 자기의 분석력과 능력을 과시하려고 남의 결점을 지적하는 사람이다. 자신을 드러내고 과시함으로써 인정받고 싶어 하는 사람이다.

셋째 타입은 불안감과 절망감을 숨긴 채 자존심을 지키기 위해 다른 사람을 비판하는 사람이다. 자기는 못하는 것을 다른 사람이 하려고 하면 비판한다.

비판은 상대의 결점을 지적하여 자기의 결점을 감추려고 하는 것이라고 할 수 있다. 비판은 순수하게 비판으로 그쳐야만 마찰을 피할 수 있다.

✍ 효과적 대처법

비평가 타입은 자기의 분석력이 뛰어나다고 생각하여 남에 대한 비판을 서슴없이 한다. 제대로 비판할 때에는 괜찮지만, 형세가 나빠지거나 자기주장을 굽히지 않으려고 할 때에는 억지를 부리거나 말꼬리를 잡고 늘어진다.

문제 자체만을 가지고 비판해야 한다. 상대가 저지른 잘못으로 인한 결과의 예측이나 다른 사람들이 받을 피해, 해결 가능성, 과거에 있었던 비슷한 일 등에 대하여 비판하면 상대의 반발만 산다.

자기가 틀린 것이 분명한데도 억지를 부리거나 책임을 인정하지 않는 사람에게 그의 비판이 아무런 설득력이 없음을 깨닫게 해주어야 한다. 자신만의 의견을 알려주어야 한다. 주장하기보다는 여러 사람의 의견을 듣고 판단을 내리는 것이 현명하다는 것을 알려주어야 한다.

PART 3

리더십과 심리학

시대에 맞는 리더십이 요구된다

●●● 사람들은 성공을 인생의 유일한 목표로 생각하지 않는다.
바야흐로 자아실현, 삶의 질 등이 만족스러워야 성공한 인
생이라고 말할 정도가 되었다.

민주주의 발달과 급속한 경제성장, 그리고 입법을 통한 노동자들
의 지위 강화로 리더십에 대한 변화가 시작되었다. 그리하여 이제는
옛날의 사고방식으로 리더의 역할을 제대로 할 수 없는 시대가 된 것
이다.

게다가 개성을 존중하는 교육방식, 높은 교육 수준은 직원들에게
자신감과 권리를 키우는 또 하나의 요인이 되었다. 직원들은 자신감
이 강해졌고, 과거에 비해 훨씬 많은 권리를 요구하고 있다. 따라서 시
대와 동떨어진 구시대적 상사가 되지 않으려면 직원들의 자존심을 존
중하지 않을 수 없게 되었다.

또 사회가 급속도로 변해 가고 있다. 사회구조의 변화가 가치관의
변화로 이어져 예전에는 먹고 사는 문제가 전부였으나 이제는 여가나
가족, 취미 활동 등에 더 많은 가치를 둔다.

사람들은 성공을 인생의 유일한 목표로 생각하지 않는다. 바야흐로 자아실현, 삶의 질 등이 만족스러워야 성공한 인생이라고 말할 정도가 되었다.

때문에 직장에서 부하들에게 막연하게 의무감을 호소하거나 명령식으로는 전혀 통하지 않게 되었다.

실제로 21세기에 급속한 변화의 시대에 이르러 업무적인 부분은 물론 직원들의 요구사항도 다양해졌다. 끊임없이 새로운 방법과 기술이 계발되고, 직업관 자체가 급변하고 있다. 또 전문지식의 유효기간도 점점 짧아지고 있다. 따라서 오늘날의 리더는 세밀한 전문지식을 모두 습득할 수 없다. 당연히 특수지식을 구비한 부하직원들과 인재들에게 의존할 수밖에 없다.

이런 커다란 변화로 인해서 과거의 리더 모델로는 직원들을 통솔할 수가 없다. 리더들은 이제 부하직원의 의지와 상사에 대한 신뢰감에 의존할 수밖에 없게 된 것이다.

세상을 지배할 수 있는 리더에게 필요한 자질이 무엇이냐고 묻는다면 여러 가지 답이 나올 수 있다. 학문적으로 연구한 결과도 일치된 답이 나오지 않는다. 그럼에도 불구하고 리더의 자질, 즉 세상을 지배하는 리더로서의 자질에는 다음과 같은 것들을 많이 지적하고 있다.

- 목표 의식
- 성공 지향성
- 결단력

- 책임의식
- 도전의식
- 자신감
- 소통능력
- 갈등 해소능력
- 창의성, 유연성
- 동기부여 능력
- 전체적인 사고
- 신뢰 지향성
- 개방적 사고
- 공감 능력
- 현실 감각

물론 세상을 지배하는 리더라고 해서 이 모든 능력을 갖춘 슈퍼맨이 되어야 한다는 것은 아니다.

위에서 제시한 항목들은 어느 정도까지는 학습과 계발로도 가능하다. 모델이 될 만한 인물을 모방하거나, 규칙이나 기술을 습득할 수 있고, 시간이 흐르면서 경험을 통해 터득할 수 있다.

세상을 지배하는 리더가 되기 위해서는 그것만으로는 부족하다. 필수적인 지신의 특성과 능력 이외에도 어느 정도의 카리스마가 있어야 한다. 카리스마는 타고난 능력이기에 고대 그리스인들은 그것을 두고 신의 선물이라고 했다.

02
상황에 맞는 리더십과 심리학

• • • 중요한 것은 어떤 조치를 내리든 간에 미래를 바라볼 줄 알
아야 하며 미래를 항상 염두에 두고 결정을 내려야 한다는
점이다.

세상을 지배할 수 있는 리더에게는 상황에 맞는 리더십이 요구된
다.

상황에 맞는 리더십의 기존 조건은 현재 상황에 대한 올바른 판단
이다. 현재 상황에 대한 올바른 판단 없이는 바람직한 행동을 할 수 가
없다.

예를 들어서 G20개국 정상회담을 앞두고 적의 테러분자가 진입
하였을 때의 상황을 예상해서 테러진압 훈련을 하기로 했다고 하자.
방법에는 두 가지가 있다. 하나는 총책임자가 혼자서 계획을 짜서 그
계획안대로 훈련하는 것이고, 또 하나는 참모들을 집합하여 의견을 모
아서 계획을 짜 그 계획대로 실시하는 방법이다.

🖊 상황이 명확한 경우가 드문 것이 문제다

그러나 애석하게도 우리 앞에 놓인 인생에서는 앞의 테러진압 사례처럼 상황이 명확한 경우가 그렇게 많지 않다. 실제로 많은 상황에서 올바른 판단을 내리기가 쉽지 않다. 독재적인 방법이 효율적인지, 아니면 민주적인 절차에 의해서 이루어진 방법이 효과적인지 확신을 가지고 대답할 수 없는 상황이 더 많은 것이다. 물론 여기에는 우리의 편견도 무시못할 영향력을 발휘하게 된다.

이런 상황을 판단하는 데에 도움이 될 몇 가지로는 개별 요인으로 리더의 인성, 직원들의 인성, 개인적 관심사, 참가자들의 의식수준이 있으며, 사회적 요인으로는 일반적인 직장 분위기, 리더와 작원들 사이의 관계, 직원들 사이의 관계, 그리고 습관, 행동 규범 등이 있다.

이처럼 세상을 지배하는 리더가 나름대로의 리더방식을 결정하는데에 도움이 될 사항은 여러 가지가 있다. 때문에 리더에게는 심리학에 기초를 둔 고도의 공감능력이 무엇보다도 필요하다.

🖊 세상을 지배하는 리더는 미래를 바라본다

독재적 리더십과 민주적 리더십에는 각자 나름대로의 상단점이 있다. 중요한 것은 어떤 조치를 내리든 간에 미래를 바라볼 줄 알아야 하며 미래를 항상 염두에 두고 결정을 내려야 한다는 점이다. 현 상황에서 리더가 취한 행동은 직원들에게는 자동적으로 미래가 되고, 앞으로 비슷한 상황이 발생할 경우 직원들은 리더가 취한 것을 모델로 삼는다.

따라서 오늘 허용한 것을 내일 금지시켜서는 안 된다. 이 원칙을 지키지 않을 경우 직원들은 실망할 것이고, 실망이 반복되면 직원들은 리더를 불신임하게 된다.

무엇보다도 불확실한 상황에서는 리더십이 분명하게 나타난다. 오늘날 직원들은 직장의 평화를 깨지 않고 업무진행을 가로막지 않을 의무밖에 없다.

두 번째는 신뢰의 화살을 먼저 쏘아서 불이익을 당할 위험은 직원들보다 리더가 훨씬 적기 때문이다. 직원의 능력과 책임을 전적으로 신뢰하여 잘못된 결과가 나왔다고 하더라도 리더가 감수해야 하는 위험은 기껏해야 자기보다 윗 사람들과의 갈등 정도 뿐이다.

하지만 직원이 상사를 믿고 상사의 경솔함과 과도한 업무할당까지 감수했다가 잘못된 결과가 나오면 직원은 강등이나 해고로 연결될 것이다.

상사가 쏜 신뢰의 화살은 직원을 신뢰하는 상사의 태도로 나타나며, 이는 다시 직원의 신뢰를 일깨운다. 그 결과 직원은 리더의 신뢰에 보답하기 위해서 더욱 열심히 일을 하게 될 것이다. 또 이러한 직원의 태도는 리더에게 자신의 판단이 틀리지 않았다는 확신을 심어주어 더더욱 직원을 신뢰하는 결과를 가져올 것이다.

상대의 마음을 읽을 수 있는 리더십

• • • 직원들에게 바람직한 업무 태도와 필요한 능력을 키워주기
위해서는 투철한 목표 의식과 상대의 마음을 읽을 수 있는
리더십이 필요하다

여전히 올바른 리더십 스타일에 대한 견해가 엇갈리고 날이 갈수
록 경제 상황은 어려워지고 있지만, 동료나 부하직원들을 멋지게 리
드하여 최적의 업무 결과를 이끌어내는 리더에 대한 기대는 여전하다.

지금처럼 시간에 쫓기고 성공에 목마른 사회에선 책임감 있고 자
립적인 직원들만이 기업의 성공을 이끌어낼 수 있다. 하지만 이런 유
능한 직원들을 얻기란 쉬운 일이 아니다. 현실적으로 조직에는 과거
의 인생 경험과 직장 경험을 통해 리더가 원하는 방향과 전혀 다른 가
치관과 업무 습관을 키운 직원들이 적지 않다. 또 독재적 리더십 스타
일에 젖어 매사 의존적이고 모험을 두려워하며 비판할 줄 모르는 사
람으로 길들여진 직원들도 의외로 많다.

상대의 마음을 읽을 수 있어야 한다

직원들에게 바람직한 업무 태도와 필요한 능력을 키워주기 위해서는 투철한 목표의식과 상대의 마음을 읽을 수 있는 리더십이 필요하다. 인내와 끈기도 필요하다.

솔직히 말해 자신의 생활 습관과 가치관을 바꾸는 일조차 쉬운 일은 아니다. 하물며 타인의 습관과 가치관을 바꾸는 일이야 두말하여 무엇하겠는가! 의식이 있는 직원이라 할지라도 그들의 자발적인 참여와 책임감을 이끌어내기 위해서는 지속적인 노력이 필수적이다.

04
믿어주고 이끄는 리더십

• • • 명심하라. 리더도 결국엔 한 인간일 뿐이다. 사람이라면 약
점이 없을 수 없고, 언제나 최상의 컨디션을 유지할 수 있는
것이 아니라는 뜻이다.

과거와 달리 21세기를 사는 리더들은 직원 개개인에게 관심을 기
울여 세세한 부분까지 관리해 줄 수 있는 시간도 없을 뿐더러, 사실 대
체로는 모든 분야에 대한 완벽한 지식을 갖추고 있지 못하다. 이 때문
에라도 리더는 이제 직원들의 선의와 책임감을 믿을 수 있어야 한다.

직원과의 신뢰관계가 돈독하면 리더가 모든 것을 일일이 걱정해야
할 필요가 없어진다. 또 기한이 촉박하거나 심각한 문제가 발생하는
등 위기 상황이 닥쳐도 직원들이 리더를 모른 척하는 일이 벌어지지
않을 것이다. 사실 상사가 직원들을 얼마나 믿을 수 있는가를 판단할
수 있는 기회도 바로 그런 급박한 위기 상황에서 찾을 수 있다.

명심하라. 리너도 결국엔 한 인간일 뿐이다. 사람이라면 약점이 없
을 수 없고, 언제나 최상의 컨디션을 유지할 수 있는 것이 아니라는 뜻
이다.

🍃 구조적 변화의 시대, 상호 신뢰는 필수 조건이다

현대와 같은 경제 조건에선 상호 신뢰가 무엇보다 중요하다.

-시장의 급속한 변화는 직원들의 빠른 대처 능력을 요구한다. 불신에 바탕을 둔 관료주의적 절차는 제거되어야 마땅하다.

-귀중한 시간은 우선적으로 '전선에', 다시 말해 고객 서비스에 집중 투자해야 한다. 내부 조율에 투자할 시간이 없다.

-경쟁에서 살아남으려면 각종 규제를 철폐하여 직원들의 창의력, 실험 정신, 모험심을 북돋아주어야 한다.

-직원들을 신뢰하면 쓸데없는 감시, 규제활동에 드는 비용이 줄어든다.

-직원에 대한 신뢰가 클수록 직원의 책임의식도 커지고 회사에 대한 소속감도 커진다.

-전문지식을 요하는 업무가 많은 요즘엔 상사가 그 모든 전문지식을 섭렵할 수 없기에 직원에 대한 신뢰가 필수적이다.

🍃 안전을 보장받고 싶은 욕구

신뢰는 저절로 생기는 것이 아니라 노력하여 쌓아야 하는 것이다. 새 직장에 들어왔거나 새 상사를 맞이하게 된 직원들의 마음에 일단 불신이 자리잡는 건 너무나 자연스러운 일이다. 어떤 일이 기다리고 있을지 알지 못하기 때문이다. 사실 이는 인간의 타고난 안전 욕구의 결과물이다.

리더의 입장도 마찬가지다. 리더 역시 사람이기에 피할 수 있는 모험은 굳이 감행하려 하지 않으려 하고, 안전을 보장 받고 싶어 한다. 그리하여 직원들이 자신이 그어놓은 경계선을 넘어서지 않기를 바라며, 업무 방식을 일일이 지시하고 정기적으로 업무 현황을 체크하려는 경향이 있다. 특히 직원의 능력과 책임감을 확신하지 못하는 경우라면 더더욱 그러할 것이다.

친숙해야 신뢰할 수 있다.

어떻게 하면 초기의 불신을 극복하고 신뢰를 쌓을 수 있을까?

모르는 사람, 새로운 조직을 만나면 누구나 조심스럽기 마련이다. 그러면 이런 불신에도 불구하고 어떻게 신뢰 관계가 형성되는 것일까? 보통 우리는 낯설지 않은 것, 나쁜 경험이 없는 것에만 신뢰를 보낸다. 반복하여 교류를 가진 사람이나 집단, 혹은 비슷하게 한 번 겪어본 일이 있는 특정 상황만을 신뢰할 수 있는 것이다.

신뢰는 기대나 희망의 확인을 통해 형성된다.

협소한 의미의 신뢰는 처음부터 주어지는 것이 아니라 자신의 기대나 희망이 성취되었다는 것을 확인함으로써 형성된다. 확인의 횟수가 잦을수록 신뢰도 강해진다.

🖋 신뢰의 화살을 먼저 날려라

낯선 사람을 만나 신뢰 관계를 쌓고 싶거나 다른 사람의 신뢰를 얻고 싶다면 먼저 내 쪽에서 신뢰의 화살을 날리는 방법밖에 없다. 그래야만 신뢰의 순환고리가 만들어지면서 신뢰의 기초를 다질 수 있다.

위험을 감수하는 첫걸음은 무조건적인 신뢰이다. 이렇게 본다면 신뢰란 앞서 말한 것과는 달리 기대의 확인을 통해서만 형성되는 것이 아니라, 일정 수준의 용기와 인간에 대한 근본적인 믿음을 요하는 것이기도 하다.

PART 4

13가지 인간의 공통적인 심리법칙

01 한 가지 욕구가 채워지면 더 큰 욕구가 생긴다

••• 인간에게는 5단계의 욕구가 있는데, 한 가지 욕구가 충족될
때마다 그 다음 단계의 욕구가 생긴다고 하였다.

인간에겐 누구나 한 가지 욕구가 충족되면 그보다 더 큰 욕구가 생기는 심리가 있다.

미국의 심리학자 매슬로우는 인간에겐 5단계의 욕구가 있는데, 한 가지 욕구가 충족될 때마다 그 다음 단계의 욕구가 생긴다고 하였다.

그의 주장에 따르면, 인간은 다음과 같이 한 단계 식 욕구가 높아져 간다.

제1단계는 생존에 필요한 욕구이다. 이것을 생리적 욕구라고 말한다.

제2단계는 안전에 대한 욕구로 이 안전에 대한 욕구에는 심리적, 물질적인 욕구도 포함되어 있는데, 예를 들면 도둑이나 사고로부터 안전되기를 바라는 욕구와 안전된 직업을 바라는 욕구가 바로 그것이다.

제3단계는 사회적으로 교제하기를 바라는 욕구로, 사회의 일원인

인간이 어느 집단에 소속되기를 바라는 욕구이다. 이 욕구로 인하여 사람들은 인간관계가 형성되고 그런 인간관계속에서 칭찬받고 염려와 도움을 바란다.

제4단계는 자기존중의 욕구로 다른 사람들로부터 존경을 받고 싶은 욕구와 자존심이 이 욕구에 포함된다.

제5단계는 자아실현의 욕구로 노력을 통해서 자신의 추구하는 삶을 살려고 하며 생활에서 그런 욕구가 충족시킬 때 생활에서 만족감을 느끼게 된다.

매슬로우는 인간의 욕구는 단계별 순서에 따라 발전한다고 하였다. 따라서 낮은 단계의 욕구는 높은 단계의 욕구보다 강렬한데, 이는 동물의 욕구와 비슷하며 높은 단계의 욕구는 인간만이 가진 욕구로, 이러한 욕구를 만족시키기 위해 인간은 부단히 노력한다고 하였다.

🖋 생활에서 나타나는 심리학

인간의 욕구는 끝이 없다. 한 가지 욕구가 충족되면 그보다 높은 욕구가 생겨난다. 우리 말 속담에 '말을 타면 종 부리고 싶어한다' 는 말이 있다. 인간의 욕구란 한 단계 충족되면 거기에 만족하지 않고 더 큰 욕구가 생긴다는 말을 비유해서 한 말이다.

우리가 살고 있는 집에 대해서도 이런 심리가 잘 반영하고 있다. 가난하여 단칸방에 월세를 살다가 돈이 좀 벌게 되면 거기에 만족하지 않고 좀 더 넓은 방으로 옮기고 또 노력하여 돈을 벌어 집을 살 때에는 방의 크기는 물론 집안 내부의 구조까지 신경을 쓰게 된다.

거리에서 폐품을 수집하여 생활하는 사람들에게는 자존심 따위를 찾을 여력이 없다. 그러나 인간의 기존 욕구를 넘어서 3단계의 욕구에 이르는 사람들은 제4단계의 욕구 즉, 다른 사람들로부터 존경과 부러움을 사기 위해 고급승용차를 타고 다니는 것이다. 또한 부를 쌓은 기업인들이 자선사업에 많은 돈을 기부하는 것은 인생의 가치를 실현하고 보람 있는 일을 하고자 하는 욕구에서 비롯된 것이다.

🍃 생활에서 활용하기

모텔이나 호텔에는 거의가 커피숍과 레스토랑이 겸비하고 있다. 서울 강남의 한 모텔은 1층은 커피숍이고, 2층은 레스토랑이며, 3층은 모텔이다. 연인끼리 1차로 커피를 마시다가 다음 단계인 식사를 하게 되고 마지막 단계에는 사랑을 나누게 되는 것을 생각해낸 영업방식에서 만들어진 것이다. 인간은 욕구를 점차 한 단계식 높이는 것을 이용한 것이다. 또 어느 누구에게 무슨 부탁을 할 때 처음부터 큰 것을 부탁하기보다는 작은 것을 부탁하면서 부탁의 수준을 점차 높이면 상대는 들어줄 가능성이 높다.

02 선택의 여지가 많다고 좋은 것은 아니다

••• 선택의 폭이 너무 좁으면 그만큼 시야도 좁아질 수 있다. 그러나 선택의 폭이 지나치게 넓어도 안 된다.

선택의 폭이 너무 좁으면 선택하기 어렵다는 것은 누구나 다 아는 사실이다. 좋고 나쁨이나 우열을 가릴 수 있는 비교 대상이 너무 적기 때문이다. 모든 가능성을 비교해봐야 합리적으로 판단해 결정을 내릴 수 있다.

그러나 선택의 폭이 너무 넓어도 선택하기 어려운 것은 마찬가지다. 선택 항목이 너무 많으면 어떤 것이 더 나은지 비교하기가 어렵기 때문이다. '많은 선택사항'은 오히려 '선택할 수 없는' 상태로 만들어 어떤 것도 선택할 수 없게 한다. 이것은 당연히 선택에 부정적인 영향을 미친다.

심리학자들은 선택항목이 적당해야 쉽게 결정할 수 있다고 말한다. 이것을 '선택의 법칙'이라고 한다.

한 과학자가 피험자를 두 조로 나누어 1조는 초콜릿 6개 중 하나를,

2조는 30개 중 하나를 고르도록 했다. 그 결과 2조에 속한 많은 사람들이 자기가 선택한 초콜릿이 별로 맛이 없다고 생각했으며 자신의 선택을 후회했다.

캘리포니아 스탠퍼드 대학 근처의 슈퍼마켓에서도 이와 비슷한 실험을 실시했다. 직원들이 마켓 내부에 잼 시식대를 마련하여 한쪽에는 여섯 가지 맛을, 다른 한쪽에는 스물 네 가지 맛을 준비했다. 그 결과 스물 네 가지 맛이 놓인 시식대에는 242명이 왔고, 그 중 60퍼센트가 시식을 했다. 여섯 가지 맛이 놓인 시식대 앞에는 260명의 고객이 찾아왔고, 그 중 40퍼센트가 시식에 참여했다. 그러나 판매 성적은 의외였다. 여섯 가지 맛을 시식한 고객 중 30퍼센트가 한 병 이상씩 구입했지만 스물 네 가지 맛이 놓인 시식대에서는 3퍼센트만이 잼을 구입한 것이다.

이 두 실험은, 사람들은 선택의 폭이 너무 넓으면 오히려 결정을 못한다는 것을 보여준다.

배우자를 찾을 때도 마찬가지다. 선택의 폭이 좁으면 혹시 더 좋은 상대가 나타나지 않을까 하는 생각에 맞선을 더 보려고 한다. 하지만 사람을 너무 많이 만나면 도대체 어떤 사람이 자기와 맞는지 알 수 없게 된다. 이렇게 어영부영하다가 시간은 흐르고 결국 결혼적령기를 놓치고 만다. 급기야 나중에는 선택의 폭이 갑자기 줄어 마찬가지로 선택하기가 어려워진다.

직장에서도 비슷한 현상이 나타난다. 관리자들은 늘 여러 부서의 의견을 듣는다. 하지만 '집을 짓는 데 길 가는 사람에게까지 물어보면

삼 년이 지나도 다 못 짓는다.'는 말처럼, 모든 사람의 의견을 다 듣다보면 그만큼 결론을 내기가 어렵다. 사람마다 문제를 보는 관점이 다르기 때문이다. 때문에 의견을 너무 많이 들으면 결정하기가 더 힘들고 경우에 따라서는 주관을 잃을 수도 있다.

 🍃 마음을 이끄는 생활 속의 지혜

 선택의 폭이 너무 좁으면 그만큼 시야도 좁아질 수 있다. 그러나 선택의 폭이 지나치게 넓어도 안 된다. 자칫 우왕좌왕하다 잘못된 결정을 내릴 수 있기 때문이다. 어느 정도가 적당한지 객관적으로 판단하자. 그래야 현명한 결정을 내릴 수 있다.

고정관념이 생기면 태도를 바꾸기 어렵다

● ● ● 대다수가 자기의 생각을 쉽게 바꾸려 하지 않는다. 그러나
상황에 따라 기존의 기준이나 기대를 다시 조정할 필요가
있다는 사실을 명심하자.

어떤 위치에 익숙해지거나 어떤 사물에 고정관념이 생기면 태도를
바꾸기 어렵다.

다음의 두 실험을 보면 이런 심리를 확실히 알 수 있다. 사회심리
학자회의에서 참가자들에게 자리를 자유롭게 선택해 앉으라고 했다.
그리고 밖에서 조금 쉬다가 다시 회의장 안으로 들어가게 했다. 이것
은 5~6차례 반복했다. 그 결과 대다수가 제일 처음 앉았던 자리에 다
시 앉았다.

다른 실험에서 피험자들에게 아프리카 국가 중 몇 개 국가가 UN
회원국인지 맞춰보라고 했다. 생각하기 전에 피험자들에게 0~100개
사이에서 선택하도록 범위를 정해주었다. 그 결과 10퍼센트의 응답자
가 25개국 내외라고 대답했다. 60퍼센트의 응답자가 45개국 내외일
것이라고 대답했다.

이 두 실험은, 사람들은 어떤 사물의 성격이나 역할을 마음속에 고

정시키면서 선입관에 사로잡힌다는 것을 알려준다.

한 상인이 어떤 지역에서 수공예 바구니를 개당 10원에 들여와, 다른 도시에 원가보다 싼, 개당 8원에 팔았다. 본전에도 못 미치는 가격에 팔았지만 일 년 뒤 상인은 백만장자가 되었다. 이유가 뭘까?

'정부에서 상금을 받았다.', '소비자를 감동시켜 회원제 회사를 설립하여 회비를 받은 것이다.', 혹은 '복권에 당첨됐다.' 등등 여러 가지 상상을 할 수 있을 것이다. 그러나 답은 간단하다. 그는 원래 천만장자였는데 손해를 봐서 백만장자가 된 것이다.

이 상인은 '돈을 번 방법'에만 초점을 맞추어 생각한 이유는 처음에 이 상인이 빈털터리였을 것이라고 추측해서 사유의 오류가 생겼기 때문이다.

이밖에도 직업, 전공, 직위 등 사회적 지위를 판단할 때도 역할 고정심리의 영향을 받는다. 예를 들어 직장을 구할 때 먼저 이상적인 직장을 정해놓으면 그 분야의 직장만 찾지, 다른 직종이 자신에게 더 적합할 것이라고는 생각하지 않는다.

🖋 마음을 이끄는 생활 속의 지혜

대다수가 자기의 생각을 쉽게 바꾸려 하지 않는다. 그러나 상황에 따라 기존의 기준이나 기대를 다시 조정할 필요가 있다는 사실을 명심하자.

67

최대의 효과를 내게 하는 긴장

●●● 이는 일할 때도 마찬가지다. '성취욕'과 '심리적 긴장'이 없
으면 일을 대충하고 게을러지기 십상이다.

장이론(Field Theory)을 주창한 독일의 심리학자 레빈은 인간에겐
어떤 행위를 완성하려는 경향이 있다고 생각했다. 흔히들 수수께끼의
답을 찾거나 책을 보기 시작하면 끝을 보려고 하는데 이것을 '긴장효
과'라고 한다.

동그라미를 그릴 때 완벽하게 다 이어 그리지 않고 끝에 공백을 조
금 남겨두면 끊어진 부분을 마저 잇고 싶은 생각이 드는 이유도 바로
'긴장효과' 때문이다.

사람들은 자신의 욕구를 충족시켜 자신의 행위를 완성하려고 한다.
예컨대 갈증이 나면 물을 마시려 하고, 배고프면 먹을 것을 찾는다. 어
떤 욕구가 생기면 그것을 충족하기 위해 긴장하게 되고, 곧 행동을 시
작한다. 이때 긴장은 욕구가 충족되기 전까지는 사라지지 않다가 충
족되고 나서야 비로소 완화된다.

이는 일할 때도 마찬가지다. '성취욕' 과 '심리적 긴장' 이 없으면 일을 대충하고 게을러지기 십상이다. 공부든 일이든 참을성 없이 작심삼일 한다면 이루어지는 일이 하나도 없을 것이다.

그러나 '성취욕' 과 '심리적 긴장' 이 강하다고 반드시 좋은 것은 아니다. 심리학자들은 '성취욕' 과 '심리적 긴장' 이 지나치게 강하면 일과 학업, 그리고 일상생활에서 과도한 걱정과 공황심리가 나타날 수 있다고 말한다. 때문에 능력이 저하되어 오히려 임무를 잘 완성할 수 없거나 심지어 정서불안과 건강 문제가 생길 수도 있다고 말한다.

생활 속에 숨어있는 심리학의 가르침

낙양자(樂羊子)와 그의 부인에 대한 유명한 일화가 있다. 공부를 위해 집을 떠난 낙양자가 집 생각이 간절해 학업도 마치지 않고 집으로 돌아왔다. 부인이 물었다.

"학업은 다 마치셨습니까?"

이에 낙양자는 "아니요, 집 생각이 간절하여 먼저 돌아왔소."라고 대답했다. 마침 베틀에서 천을 짜고 있던 부인은 벌떡 일어나 기위로 천을 잘라버렸다. 왜 그러냐고 놀라 묻는 낙양자에게 부인은 "공부하겠다고 집을 떠난 사람이 학업을 다 마치지 않고 돌아온 것은 다 완성되지 않은 천을 중간에 찢는 것과 같습니다." 라고 대답했다.

부인의 말에 크게 깨달은 낙양자는 그 길로 길을 떠나 학업을 마칠 때까지 집에 돌아오지 않았다.

갑이라는 사람이 거실에 그림을 걸기 위해 옆집에 사는 을에게 도움을 청했다. 갑이 벽에 못을 박으려는 순간 을이 그렇게 하는 것보다 나무토막 두 개를 먼저 박고 그 위에 그림을 거는 것이 더 좋겠다고 했다. 갑은 을의 의견을 받아들여 을에게 나무토막을 찾아달라고 했다. 이윽고 나무토막을 벽에 박으려는 순간 을이 "잠깐, 잠깐, 나무가 커요. 톱으로 좀 잘라내야겠어요." 라고 말했다. 을은 사방을 뒤져 톱을 찾아냈다. 갑이 톱질을 하는데 을이 이번에는 "이런, 톱날이 너무 무디네요." 하더니 줄칼을 가져왔다. 그런데 줄칼에 손잡이가 없었다. 을은 손잡이를 만들어야 한다며 동네 밖으로 나가 작은 나무를 찾아냈다. 그러나 갑의 녹슨 도끼로는 나무를 벨 수가 없어 도끼 가는 숫돌을 찾았다. 또 숫돌 고정용 나무틀을 만들기 위해 대야하는 숫돌 고정용 나무가 필요했다. 숫돌 고정용 나무틀을 만들기 위해 을은 교외에 있는 목수를 찾아갔다. 한편 기다리다 지친 갑은 그냥 벽에 못을 박아 그림을 걸었다. 그날 오후에 갑은 길을 가다가 어떤 상점에서 무거운 전기톱을 들고 나오는 을을 발견했다.

이 이야기는 심리적 긴장감이 지나친 것도 병이라는 것을 보여준다. '백퍼센트 완벽한 순금은 없고 완벽한 인간도 없다'는 말처럼 사람이 하는 일이 백퍼센트 완전할 수는 없다.

세세한 모든 부분까지 완벽을 추구하다 보면 결국 행동과 생각이 마비되어 임무를 제때 완수할 수 없다.

큰 자극이 작은 자극에 미치는 영향

• • • 상대방이 받아들이기 어려운 조건을 제시해야 할 때 협상
초기에 자극이 센 '연막탄'을 터뜨려보자.

처음에 큰 자극을 받으면 비교적 약한 두 번째 자극은 잘 견뎌낸다.
이것을 '베버의 법칙'이라고 한다.

한 실험에서 피험자에게 오른손으로 300그램짜리 저울추를 들게
했다. 이때 왼손에 306그램이 넘는 저울추를 들게 했더니 비로소 양
손에 있는 추의 무게가 다르다는 것을 인식했다. 오른손에 600그램을
들었을 때는 왼손에 612그램을 들었을 때 무게의 차이를 느꼈다.

🍃 생활 속에 숨어있는 심리학의 가르침

만약 신문 값이나 버스요금이 1,000원에서 갑자기 2,000원 혹은
3,000원으로 오르면 받아들이기 힘들 것이다. 그러나 상대적으로 집
값이 1억 원에서 200만원 오르면 많이 올랐다는 느낌이 덜하다.

그 이유는 사람은 처음에 큰 자극을 받을수록 이후의 자극에 둔감해지기 때문이다.

일상생활 곳곳에서 이 법칙이 적용되는 사례를 볼 수 있다. 예를 들어 결혼하고 나니 배우자의 태도가 결혼 전과 달라졌다고 원망하는 사람들이 있다. 서로에 대한 탐색기인 연애 기간에는 사소한 접촉이나 눈길 하나, 말 한 마디, 키스 한 번에도 마냥 설레고 강렬한 인상을 받는다. 그러나 결혼하고 나면 예전과 똑같이 행동하더라도 강렬한 느낌은 덜하다. 이는 연애와 결혼이라는 큰 '자극'을 받은 뒤에는 소소한 배려나 친밀함과 같은 작은 행동은 인상적이지 않아 예전과 다르게 느껴지기 때문이다.

기업에서도 조직개편과 인사이동에 이 법칙을 적용하곤 한다.

어떤 직원을 해고하고 싶지만 일이 크게 확대되어 잡음이 생기는 것을 원치 않을 때, 회사는 먼저 이 사람과 관계없는 부서를 상대로 대규모 인사이동이나 감원을 실시한다. 이렇게 다른 직원들에게 충격을 준 다음 서너 차례 인사이동과 감원을 반복한다. 그 다음 비로소 원래 해고하고 싶었던 사람을 지목하는 것이다. 이렇게 하면 직원들은 이미 여러 번의 충격에 감각이 둔해져 별 반응을 보이지 않는다.

협상에도 이 심리전술을 응용할 수 있다. 처음 시작할 때 거절하기 어려운 우대조건을 제시하고 협상이 기본적으로 마무리되어 갈 무렵에 다소 불리한 조건을 제시한다. 이렇게 하면 상대방은 비교적 쉽게 받아들인다. 처음 제시했던 우대조건의 자극이 컸기 때문에 이후의 불리한 조건은 상대적으로 작은 자극에 불과해 받아들이기가 쉽다.

06

자신의 결점이나 잘못은 잘 안 보인다

● ● ● 사람들은 나쁜 짓을 저질러도 잘못을 인정하기는커녕 항상
핑계를 대기 바쁘다.

사람들에게 "당신은 스스로가 나쁜 사람이라고 생각합니까?" 하고
물으면 대부분은 그렇지 않다고 대답한다.

일반적으로 사람들은 자신을 나쁜 사람이라고 여기지 않는다. 설
령 자신이 나쁜 행동을 했다 하더라도 변명을 하거나 무의식적으로 다
른 사람에게 책임을 전가한다. 이것을 '자기합리화 심리'라고 한다.

✎ 생활 속에 숨어있는 심리학의 가르침

사람들은 나쁜 짓을 저질러도 잘못을 인정하기는커녕 항상 핑계를
대기 바쁘다.

연쇄살인범도 경찰에 체포되면 자신의 죄는 뉘우치지 않고 오히려
불공평한 사회 때문에 죄를 저질렀다고 변명한다.

공장의 자재를 훔친 도둑도 "나는 회사 물건만 훔쳤지, 사람을 상하게 하지는 않았다!"고 외친다.

부자에게 강도짓을 한 강도범은 "가진 게 돈뿐인 사람인데 뭐가 어때? 그리고 그 돈 모두 합법적으로 번 것도 아니잖아?" 하고 따진다.

이는 모두 극단적인 자기합리화가 가져온 결과이다.

직원들에게 인색한 사장은 이렇게 생각한다. '이 회사는 내 돈 들여 내가 만든 내 것이야. 그리고 구직난도 심각한데 실업자 신세 면한 것만도 다행인줄 알아!'

사람을 때린 사람은 "누가 나한테 욕하래?"라고 으스대고, 욕을 한 사람은 "내 발 밟고도 미안하단 소리도 안한 게 누군데?" 하며 으름장을 놓는다.

부부가 싸울 때도 서로 자기 말만 옳고 자기가 상대보다 더 많이 노력한다고 주장한다.

이것은 다른 사람의 잘못을 쉽게 발견해도 자신의 잘못은 잘 모르는 '자기합리화 심리' 때문이다.

사람은 누구나 자기가 잘못을 저질러 심각한 결과가 나타나도 본능적으로 먼저 '다른 사람의 책임이 아닌가?' 하고 생각하지 '내 잘못은 아닌가?' 라고 생각하지 않는다.

시간이 흐른 뒤에야 비로소 남의 잘못이 아닌 바로 자신의 잘못임을 깨닫는다. 그러나 많은 경우 사람들은 자기 사신도 인식하지 못하는 사이에 책임을 다른 사람에게 떠넘긴다. 객관적인 입장에서 자신과 타인을 공정하게 바라보기 어렵기 때문이다.

07 인간의 끝이 없는 물욕

••• 개인적 측면으로 봤을 때는 반드시 경계해야 한다. 인간의
욕망은 끝이 없지만 우리의 경제력은 한계가 있기 때문이
다.

18세기 프랑스의 철학자인 디드로에게 있었던 일이다. 어느 날 디
드로는 친구에게 고급 실내복을 선물 받았다. 그는 매우 기뻤다. 하지
만 그가 이 고급 실내복을 입고 서재를 돌아다니는데 갑자기 자기 주
변의 모든 것이 촌스럽게 느껴지는 것이 아닌가? 낡아빠진 가구는 스
타일도 제각각이고, 엉성한 바느질 땀이 고스란히 보이는 양탄자 하
며 도무지 어울리는 것이 하나도 없었다. 그래서 그는 새 실내복에 맞
게 낡은 것들을 하나씩 새 것으로 바꿨다.

그러나 여전히 그의 마음은 편치 않았다. 실내복 하나 때문에 심리
적 균형이 깨졌다는 것을 깨달았기 때문이다. 그는 이런 느낌을 《나의
옛 실내복과 헤어진 것에 대한 유감》이라는 에세이 속에 담아냈다.

200년 후, 미국 하버드 대합의 경제학자인 줄리엣 쇼(Juliet Schor)
는 이 이야기에 착안해 그의 저서 《과소비 미국》에서 '디드로 효과'의

개념을 제기했다. 디드로 효과란, 어떤 물건을 소유하면 이에 맞춰 관련된 다른 물건들까지 다 갖추려는 경향을 말한다.

생활 속에 숨어있는 심리학의 가르침

일상생활 속에서도 '디드로 효과'를 쉽게 찾아볼 수 있다. 예를 들어 고급 손목시계를 선물 받았다고 하자. 그러면 이것을 차고 다니기 위해 그에 어울리는 양복, 셔츠, 허리띠, 신발, 넥타이, 가죽 지갑까지 모두 비싼 제품으로 바꾼다. 나중엔 안경까지 더 고급스런 제품으로 바꾸고, 향수를 뿌리는가 하면 헤어스타일도 바꾸고, 식사도 더 좋은 곳에서 하고……. 이렇게 소비가 점점 늘어나는 것이다.

보통 새 집으로 이사 갈 때 그 집에 어울리게 인테리어 공사를 새로 한다. 예컨대 바닥에는 대리석이나 원목 마루를 깔고 마호가니 등으로 만든 가구를 들여놓는다. 이런 집에 사는데 옷을 아무렇게나 입고 다닐 수는 없는 법이다. 그래서 내친김에 '입을만한' 옷과 구두와 양말까지 구입한다. 이런 식으로 디드로처럼 다 바꿔가다 보면 어느 순간 집주인도 그 집에 '어울리지' 않다고 생각되어 결국 이혼하게 될 수도 있다.

마음을 이끄는 생활 속의 지혜

이런 현상은 엄격히 말해 옳고 그름의 문제가 아니다. 경제발전을 촉진한다는 측면으로 보면 이 현상은 소비와 '내수형 경제성장' 을 촉진할 수 있으므로 긍정적이라고 할 수 있다. 그러나 개인적 측면으로 봤을 때는 반드시 경계해야 한다. 인간의 욕망은 끝이 없지만 우리의 경제력은 한계가 있기 때문이다. 맹목적인 소비의 결과는 빚더미일 뿐이다. 물건을 사기 전에 미리 액수에 제한을 두고, 돈을 다 쓰면 신용카드 사용도 멈추자. 한 달 생활비를 책정하고, 그 기준에 다다르면 소비를 중단하는 습관을 기르자.

손실이 발생했을 때 대처하는 방법

••• 일상생활 속에도 매몰비용이 많이 있다. 그러나 우리는 생
활하면서 매몰비용의 영향을 받아서는 안 된다.

경제학이 많은 개념들은 기업경영은 물론 인생을 이해하는 데도 큰
도움이 된다. '매몰비용 효과' 도 그 중 하나이다.

'매몰비용' 이란 이미 발생 혹은 회수할 수 없는 비용으로, 잘못 투
자하여 회수가 불가능한 투자 자금 등을 말한다. 매몰비용은 과거에
이미 지불한 비용이다. 따라서 현재는 통제할 수 없기 때문에 현재의
행동이나 미래의 해결책에 영향을 미치지 않는다. 때문에 투자를 결
정할 때 매몰비용은 배제해야 한다.

일상생활 속에도 매몰비용이 많이 있다. 그러나 우리는 생활하면
서 매몰비용의 영향을 받아서는 안 된다.

돌이킬 수 없는 일임을 이미 알고 있지만 돌이키려 애쓰거나 이미
놓쳐버린 기회 때문에 속상해 하다 결국 건강까지 해친 경험이 한 번
씩은 있을 것이다. 이는 그야말로 어리석고 쓸 데 없는 행동이다. 매

몰비용이 너무 크기 때문이다. 생활 속에서 매몰비용을 줄이려면 불가피한 실패나 손실이 발생했을 때 그것을 인정한 다음 무시해버리면 된다. 이것을 '매몰비용 효과'라고 한다.

🌿 생활 속에 숨어있는 심리학의 가르침

7,000원을 주고 오늘 밤 상영하는 영화표를 샀는데 나가려는 순간 갑자기 폭우가 쏟아진다면 어떻게 하겠는가?

고집스럽게 극장에 가서 영화를 본다면 왕복 택시비가 추가로 지출될 것이다. 또한 비에 젖어 감기에 걸릴 위험도 있다. 게다가 감기까지 걸리면 병원비가 추가된다. 이런 과외 지출을 고려하면 최선의 선택은 영화를 포기하는 것이다.

그러나 많은 사람들이 이 원리를 제대로 이해하지 못하고 이미 파묻힌 비용을 '건져' 올리려고 한다. 이미 표를 샀는데 안 보면 돈 낭비라는 생각에 다른 비용은 생각하지 못하고 결국 더 많은 돈을 쓰게 되는 것이다.

이런 상황에 대처하는 가장 현명한 방법은 이미 지출한 비용에 대한 손해를 겸허히 받아들이라는 것이다. 이것 때문에 불필요한 지출을 늘리고 앞으로의 생활에까지 지장을 줄 필요는 없지 않은가?

한 노인이 진귀한 도자기 화병을 구입했다. 노인은 화병을 자전거 뒷자리에 싣고 집으로 돌아가는데 그만 끈이 풀어져 화병이 깨져버렸다. 그런데 노인은 돌아보지 않고 계속 달렸다. 이를 지켜보던 어떤 사람이 "여보세요, 당신 화병이 깨졌어요!" 하고 외쳤다 그러자 노인은 고개도 돌리지 않은 채 "압니다. 이미 깨진 걸 어쩌겠습니까?" 하고는 사라졌다.

노인은 '매몰비용 효과'를 잘 알고 있기 때문에 그렇게 대범할 수 있었다. 많은 사람들이 이런 일을 당하면 자전거에서 뛰어내려 깨진 화병을 보면서 발을 동동 구르며 안타까워하거나 심지어 오랫동안 우울해 할 것이다. 사실 물건은 이미 깨졌는데 후회하거나 안타까워 한다고 득이 되는 것은 하나도 없다. 그저 새로운 비용 부담만 늘어날 뿐이다.

🍃 마음을 이끄는 생활 속의 지혜

많은 사람들이 예전에 했던 일이나 하지 않았던 일을 생각해 후회하는 데 많은 시간을 허비한다. '만약 그때 더 철저히 준비해 면접에 임했더라면……' 또는 '회계학과에 진학했더라면……' 하고 말이다. 그러나 이것은 어디까지나 시간낭비에 불과하다는 것을 명심하자. '만약'이란 말 대신 '다음에는'이라는 말을 사용하자. 그러면 과거가 아닌 미래에 초점을 맞출 수 있을 것이다.

직접 수행했을 때의 심리적 역할

••• 사람들은 각자의 역할과 자신을 동일시하여 진짜 자신의 신
분을 망각했는데, 이것을 '역할 동일시 효과'라고 한다.

심리학자 짐바르도는 인간의 환경적 요소가 개인에게 미치는 영향
의 정도를 연구하기 위해 1972년에 '모의감옥' 실험을 진행했다. 지
원자 중 절반은 '간수'를, 나머지 절반은 '죄수' 역할을 맡게 했다. 간
수 역할을 맡은 지원자에게는 제복과 호루라기를 주고 '감옥'에서의
규칙을 훈련시켰다. 한편 '죄수' 역할을 맡은 사람들에게는 죄수복을
입히고 감옥에 감금했다.

하루만에 모든 참가자들이 역할과 상황에 몰입되었다. 간수 역을
맡은 사람들은 거칠고 적대적으로 변해갔으며 다양한 처벌 방법을 생
각해냈다. 반면에 죄수 역할을 맡은 사람들은 무감각해지거나 격렬하
게 반항하기 시작하는 등 심리 붕괴 현상이 나타났다.

짐바르도 교수는 피험자들이 "현실과 착각 사이에 혼돈이 발행하
여 맡은 역할과 자아가 혼란스러워진 것이다."고 말했다. 원래 2주일

을 계획하고 시작한 이 실험은 훨씬 앞당겨 종료되었다. "우리는 간담이 서늘한 장면을 목격했다. 대다수의 사람이 진짜 '죄수'와 '간수'로 변해 맡은 역할과 진정한 자아를 구분하지 못했다."

센세이션을 불러일으켰던 이 실험은 가상의 역할도 개인을 변화시킨다는 것을 보여준다. 사람들은 각자의 역할과 자신을 동일시하여 진짜 자신의 신분을 망각했는데, 이것을 '역할 동일시 효과'라고 한다.

🌿 생활 속에 숨어있는 심리학의 가르침

배우가 어떤 역할에 깊이 몰입하면 '역할 동일시 효과'가 일어나는 것을 느낄 수 있다. 그래서 동작 하나하나까지 그 인물처럼 표현해 역할을 생동감 있게 그려낸다. 배우가 극에 몰입할수록 역할 동일시 현상도 깊어지고 연기도 더욱 실감나 관객들의 마음을 움직인다. 한편 배우가 그에 너무 깊이 몰입하다 보면 극이 끝나고도 오랫동안 그 역할에서 빠져나오지 못하는 경우도 있다.

역할을 연기하다 보면 그 역할이 바로 자신의 진짜 모습이라고 착각하는 것이다.

이 효과는 여러 방면으로 응용할 수 있다. 예컨대 유치원에서 아이들은 역할놀이를 통해 경찰, 의사, 부모 등 사회적 역할의 특징을 이해할 수 있다.

만약 우리가 회사에서 자신의 '역할'에 깊이 빠져든다면 자신이 맡은바 업무를 더 철저히 하게 될 것이다.

또한 승진은 새로운 역할의 시작을 의미한다. 처음에는 적응하기 어렵지만 점점 자신의 역할에 '빠져들면' 결국 그 자리에 순조롭게 적응하고 서서히 잘할 수 있게 된다.

🍃 마음을 이끄는 생활 속의 지혜

일할 때 자신의 역할에 깊이 빠져들면 더욱 정열적이고 열심히 하게 되어 더 쉽게 성공할 수 있다.

가격이 높을수록 더 잘 팔리는 심리

● ● ● 일반적으로 사람들은 비싼 물건일수록 좋다고 생각하는데,
이때 품질과 가격이 정말로 정비례하는지는 따지지 않는다.

사람들은 물질적 만족뿐 아니라 심리적 만족을 얻기 위해 소비한다.

이런 심리때문에 특이한 경제현상이 나타난다. 일부 제품은 가격이 높을수록 잘 팔린다. 이런 현상을 미국의 경제학자 베블런이 처음 제기해 '베블런 효과' 라 부르게 되었다.

🖋 생활 속에 숨어있는 심리학의 가르침

모양이나 가죽의 질이 별 차이가 없는 구두가 일반 구둣가게에서는 몇 만원인데 비해 백화점에서는 몇 십만 원이 넘는 경우가 흔하다. 그런데도 사람들은 주로 백화점에서 구두를 산다. 또한 100만 원짜리 안경테나 600만 원짜리 시계, 심지어 1억을 호가하는 고급 피아노 등

등 이런 '천문학' 적인 가격의 상품이 날개 돋친 듯이 팔리는 것을 종 종 볼 수 있다.

이것이 바로 '베블런 효과' 다. 일반적으로 사람들은 비싼 물건일수록 좋다고 생각하는데, 이때 품질과 가격이 정말로 정비례하는지는 따지지 않는다.

미국 애리조나에서 인디안 장식품 가게를 운영하고 있는 캐시는 터키석으로 만든 장식품이 팔리지 않아 골치를 썩고 있었다. 여행 성수기였고 가격도 저렴한데 좀처럼 팔리지 않았던 것이다. 결국 캐시는 해외로 물건을 구입하러 가기 전날 종업원에게 '여기 있는 물건을 모두 2분의 1 가격으로 파세요.' 라는 메모를 남겼다. 손해를 보더라도 팔아치우겠다는 생각이었다.

며칠 뒤 보니 과연 그 골칫거리였던 터키석 장식품이 다 팔리고 없었다. 그러나 물건 판돈을 세어보니 반값이 아닌 두 배였다. 종업원이 '2분의 1' 을 '2배' 로 착각했던 것이다.

가격이 더 비싸졌는데 더 잘 팔린 이유는 무엇일까? 바로 '베블런 효과' 때문이다. 비싼 물건이 더 좋다고 생각한 사람들이 심리적 만족을 위해 더 비싼 고급 제품을 사는 것이다.

🌿 마음을 이끄는 생활 속의 지혜

사회경제가 발전하고 소득이 증가하면서 양과 질을 추구하던 개인의 소비 패턴이 격조와 스타일을 추구하는 쪽으로 변화되었다. 이와 관련해 '베블런 효과'를 이용하면 새로운 경영전략을 모색할 수 있다. 매체 광고를 이용, 제품의 고급스런 이미지를 강조해 '남들과 다른', '명품'이라는 인상을 줌으로써 소비자들의 호감을 끌어내는 것이다.

　베블런 효과는, 소비 패턴이 질과 양을 따져 구입하던 단계에서 감성구매로 넘어가는 과도기 단계에서 활용하면 성공할 확률이 높다. 경제가 발전한 지역에서는 감성소비가 이미 트렌드가 되었다. 따라서 경제적 능력이 있는 소비자가 이런 감성구매를 선호하면 '베블런 효과'는 시장 점유율을 높일 수 있는 효과적인 전략이 되는 것이다.

가치에 대한 생각과 일의 효과

••• 가치가 없는 일은 할 필요가 없다. 설사 한다 해도 좋은 성과가 나오리란 보장이 없기 때문이다.

사람들은 자기가 하는 일이 가치가 없다고 생각하면 으레 적당히 해치우려고 한다. 하지만 그러면 성공률도 낮을 뿐 아니라 운 좋게 일을 끝낸다고 해도 별다른 성취감을 느끼지 못한다.

때문에 가치가 없다고 생각하는 일은 더 못하게 되고, 반대로 가치 있다고 생각하는 일은 더 잘해낸다. 이것을 '기대가치 이론' 이라고 한다.

🪶 생활 속에 숨어있는 심리학의 가르침

어떤 쥐가 다른 쥐들에게 "나는 사자도 이길 수 있다."고 떠벌렸다. 다른 쥐들이 이 말을 믿지 않자 그 쥐는 숲으로 사자를 찾아가 소리쳤다.

"이봐! 나랑 한판 붙자!"

사자는 고개를 저으며 "싫어." 하고 대답했다.

"너 내가 무서운 거지?" 하는 쥐의 물음에 사자는 그렇다고 대답했다. 쥐는 의기양양해서 돌아갔다. 왜 쥐의 도전을 받아들이지 않았냐는 다른 동물들의 질문에 사자는 이렇게 대답했다.

"내가 도전을 받아들이면 쥐에게는 사자와 결투했다는 영예가 남겠지만 나에게는 쥐와 대결했다는 치욕만 남을 것이기 때문이다."

현명한 사자는 가치 있는 일과 가치 없는 일이 무엇인지를 알았던 것이다. 또한 다른 사람의 자극때문에 아무 가치도 없는 일에 괜한 정력을 낭비하지도 않았다.

이 일화 속에 바로 '기대가치 이론'이 숨어 있다. 가치가 없는 일은 할 필요가 없다. 설사 한다 해도 좋은 성과가 나오리란 보장이 없기 때문이다.

어떤 일의 가치 여부는 일반적으로 다음의 세 가지 기준으로 판단한다.

첫째, 가치관이다. 자기의 가치관에 부합해야 열정적으로 일한다.

둘째, 성격과 스타일이다. 자신의 성격이나 스타일과 전혀 다른 일을 하면 좋은 성과를 내기 어렵다. 예를 들어 사교적인 사람이 사무실에 틀어박혀 문서정리를 한다거나 내성적인 사람이 영업을 해야 한다면 어떻겠는가.

셋째, 현실적인 상황이다. 같은 일이라도 상황에 따라 느낌이 다르다. 예를 들어 같은 회사에 다녀도 잡일이나 심부름만 하면 스스로 가치가 없다고 느낄 것이다. 그러나 팀장으로 승진하면 달라질 것이다.

🍃 마음을 이끄는 생활 속의 지혜

가치 있다고 생각하는 일은 대부분 가치관과 성격에 맞으며 건설적인 일이다. 따라서 만약 당신의 일이 이 세 가지 요소를 충족시키지 않는다면 다른 일을 고려해볼 필요가 있다. '당신이 좋아하는 것을 선택하고, 당신이 선택한 것을 사랑하라.'

두 가지 원칙의 문제점

••• 일을 할 때는 주도적인 하나의 원칙, 혹은 하나의 가치관을
따라야 한다. 원칙이 많으면 많을수록 사람들은 혼란스러워
질 뿐이다

시계가 하나일 때는 지금 몇 시인지 정확히 알 수 있지만 두 개라
면 정확한 시간을 가늠할 수 없게 된다.

두 개의 시계는 더 정확한 시간을 알려주기는커녕 오히려 정확한
시간에 대한 믿음만 혼란스럽게 할 뿐이다.

때문에 둘 중 더 믿을만한 것을 하나 골라 정확하게 맞춘 다음 그
것을 기준으로 삼고 따라야 한다.

🍃 생활 속에 숨어있는 심리학의 가르침

한 집단의 핵심은 하나면 충분하다. 핵심이 늘어나면 구성원들은
누구를 따라야 할지 갈피를 잡지 못하기 때문에 결과적으로 단체의 역
량을 하나로 응집시킬 수 없다.

이밖에도 일을 할 때는 주도적인 하나의 원칙, 혹은 하나의 가치관을 따라야 한다. 원칙이 많으면 많을수록 사람들은 혼란스러워질 뿐이다.

아버지와 아들이 나귀를 팔러 장에 가는 길이었다. 부자가 나귀를 끌고 가는데 지나가던 사람이 말했다.

"걸어가면 피곤할 텐데 나귀를 타고 가지 그래요?"

그 말에 아버지는 아들을 나귀에 태웠다. 다른 사람이 이것을 보고는 말했다.

"부모를 공경할 줄 모르는군. 어떻게 아버지를 걷게 하고 자기가 타고 가는 거지?"

그래서 이번에는 아버지가 나귀에 올라탔다. 이번에는 또 다른 사람이 참견했다.

"아버지가 돼서는 아이는 걷게 하고 자기 혼자 나귀를 타고 간담?"

이 말에 아버지는 아들과 함께 타고 가면 더 이상 시비 거는 사람이 없을 거라고 생각해 아들도 나귀에 태웠다. 그러나 어떤 사람이 와서는 부자를 나무랐다.

"당신들 나귀를 잡을 셈이요? 힘이 다 빠진 나귀를 누가 사겠소?"

부자는 할 수 없이 나귀에서 내려왔다. 결국 두 사람은 나귀를 긴 봉에 매달아 어깨에 메고 갔다. 이 모습을 본 사람들은 그 부자를 비웃었다.

이 이야기를 봐도 일을 할 때는 하나의 원칙만 고수해야 한다는 사실을 알 수 있다. 여러 사람의 다양한 가치관을 조절하는 것은 어려운

일이다. 따라서 이때는 그 중 하나를 선택하여 기본 원칙으로 삼아야
한다.

🍃 마음을 이끄는 생활 속의 지혜

지도자는 한 집단 내에 한 명이면 충분하다. 일을 할 때도 가장 핵
심적이고 기본적인 가치관을 정하자. 그러면 다른 가치관들이 충돌할
때 취사선택을 할 수 있다. 가정에서도 아버지와 어머니가 통일되고
일관된 태도를 보여야 아이들을 효과적으로 지도할 수 있다.

촉박감이 주는 심리적 효과

• • • 일을 미뤄버릇하는 사람들은 대체로 자신은 막중한 심리적
물리적 압박을 받아야 일을 더 잘해낸다고 착각한다

대부분의 사람들에게는 늑장을 부리는 습관이 있다. 당장 끝내야
할 일이 아니면 대부분 마감시간이 다 돼서야 열심히 한다. 어떤 일을
할 때, 항상 충분한 준비가 안 된 것 같아 미룰 수 있을 때까지 미뤘다
가 더 이상 미룰 수 없을 때가 되면 그제야 일을 시작하는 것이다. 이
것을 '최후통첩 효과'라고 한다.

🍃 생활 속에 숨어있는 심리학의 가르침

1998~1999시즌, 미국 NBA구단주들과 선수 간에 새로운 계약을
둘러싸고 마찰이 빚어졌다. 이 때문에 경기는 중단되었고, 선수와 구
단주가 협상을 벌인 약 6개월 동안 쌍방이 모두 막대한 손실을 입었
다. 이 줄다리기는 구단 측이 최후통첩을 하고 나서야 겨우 끝났다.

이것이 바로 '최후통첩 효과'이다. 만약 최후통첩이 없었다면 상황이 어떻게 되었을지는 아무도 모를 일이다.

이런 사례는 일상생활에서도 흔히 찾아볼 수 있다. 시장판매부서에서 일하고 있는 한 사원은 시장 판촉 이벤트 업무를 맡고 있다. 그에게는 안 좋은 업무 습관이 있는데 닷새 간의 준비기간이 주어지면 나흘은 그냥 흘려보내다가 마지막 닷새째가 돼서야 허둥지둥 매장에 연락하고, 제품을 준비하고, 판촉사원을 뽑는 것이었다. 때로는 마지막 일초를 남겨놓고 일을 끝내 안도의 한숨을 내쉬기도 했다.

학교에서도 이런 현상을 찾아볼 수 있다. 월요일에 선생님이 숙제를 내주고 금요일까지 제출하라고 하면서, 물론 그 전에 제출하는 게 좋다고 아무리 강조해도 화요일부터 목요일까지 숙제를 내는 학생은 극히 드물다. 대부분 금요일이 돼서야 숙제를 제출한다. 그러나 같은 숙제를 수요일까지 제출하라고 하면 학생들은 수요일까지 다 제출한다.

미루는 것도 습관이다. 일을 미뤄버릇하는 사람들은 대체로 자신은 막중한 심리적 물리적 압박을 받아야 일을 더 잘해낸다고 착각한다. 하지만 사실 이는 자기기만에 불과하다. 심리학자들은 "사람은 압박을 받으면 일을 더 못한다."고 지적한다. 중국의 유명한 무협소설 작가 김용(金庸)은 '마감 스트레스'를 받으며 쓴 글은 만족스럽지 않다고 말했다.

심리학자들은 사람들이 일을 미루는 진짜 이유는 일에 대한 공포라고 지적했다. 공포를 없애는 유일한 방법은 미루지 않고 곧바로 행동하는 것이다. 즉 가능한 한 빨리 일을 마치면 그 공포에서 벗어날 수 있다.

✍ 마음을 이끄는 생활 속의 지혜

'최후통첩 효과'를 지혜롭게 이용해 합리적인 목표와 계획을 세우자. 그리고 그 기한 내에 일을 마치도록 자신을 격려하고 채찍질하자. 이렇게 하면 마감시간이 돼서야 허둥대며 일하는 상황도 없을 테고, 긴장감을 유지해 업무효율도 향상시킬 수 있다.

PART 5

사람의 마음을 움직이는
7가지 심리법칙

일관성의 법칙

• • • 우리에게는 어떤 결정을 하고 난 다음 그것을 밀어붙이고
나면 그 행동이 옳다는 확신을 이끌어 내려고 노력하려는
심리가 있다

인간사회에서 일관성은 중요한 가치로 여긴다. 그래서 자꾸 말을
바꾸는 사람은 변덕쟁이에다 믿지 못할 사람으로 낙인찍히고, 한 번
정한 대로 흔들림 없이 밀고 가는 사람은 의지력이 있고, 신뢰할 수 있
는 사람으로 인정을 받게 된다. 이러한 일관성에 기반을 둔 사회적 신
뢰감이 없다면 사람과 사람 사이의 계약이나 사업도 존재할 수 없고
중장기적인 계획 역시 불가능할 것이다.

우리에게는 어떤 결정을 하고 난 다음 그것을 밀어붙이고 나면 그
행동이 옳다는 확신을 이끌어 내려고 노력하려는 심리가 있다. 계속
고민해봤자 그 다음 결정과 행동에 걸림돌만 되기 때문이다. 다음 과
제를 위한 에너지를 확보하기 위해서라도 결정과 판단을 과감하게 내
려야 한다. 그래서 인간은 대체로 결정이 잘못되었다 해도 후회하기
보다는 뒤늦게라도 그것을 정당화하려는 심리가 있다. 이미 결정한 것

이고 자신에게 맞춰놓은, 어쩌면 잘못된 것인지도 모르지만 프로그램을 수시로 바꾸는 것도 비효율적인 일이기 때문이다.

오랜 고민 끝에 차를 샀는데 연료효율이 너무 좋지 않다. 이 사실을 뒤늦게 알았다면 어떻게 해야 할까? 대부분의 사람들은 그 차의 다른 장점, 이를테면 편안한 승차감이랄지 안전성 따위를 들어가며 손해 봤다는 감정을 만회하려고 들 것이다. 이런 일관성은 대부분 '자동적으로', '자연스럽게 작동' 되기 때문에 이를 위해 애를 쓸 필요가 없다.

🍃 이제는 후회해봤자 소용없는 일

캐나다의 한 심리학자가 이런 조사를 한 일이 있다. 경마에 돈을 건 사람들을 대상으로 그들이 선택한 경주마가 이길 가능성에 대해 배팅을 하기 전, 그리고 배팅을 하고 난 후에 한 번 물어 봤다.

그들은 돈을 걸기 전보다 걸고 난 다음에 자기가 고른 말이 이길 가능성에 대해서 더 낙관적인 태도를 보였다. 이미 결정을 내린 다음이었고, 자신의 선택을 어떻게든 굳히고 정당화해야 하기 때문이다. 배팅하기 30초 전에까지도 의심과 망설이는 태도가 컸던 그들이, 일단 돈을 걸고 나자마자 돌연 확신이 생기고 자신감이 넘치는 태도를 보인 것이다.

🍃 실전에서는 이렇게

상대가 마침내 결정을 내리도록 최대한 돕는다. 물론 시일을 최대한 앞당겨 확실한 승낙을 얻기 위해 준비를 철저히 하는 것이 중요하다. 고객이 후회스러운 감정을 덜 느끼도록 구매결정을 인정하고 지지해주는 것도 필요하다.

🍃 활용방법

'내가 정말 잘 산걸까? 잘못된 결정을 내린 것은 아닐까?' 하며 전전긍긍하는 고객의 무안을 덜어주는 것이 포인트다. 몇 단계에 걸쳐 구매과정을 진행하여 구매결정을 쉽게 내리도록 유도하고 일관성의 원칙에 의거한 후속 구매 계약을 이끌어낸다.

02 매력의 법칙

••• 상대가 비록 당신에게 힐난과 질책을 퍼부을 일이 생겨도
멋지게 미소 한 번 보이고 이야기 해보라. 최소한 더 나빠질
일은 없을 것이다

모름지기 외모가 괜찮은 사람은 살기도 편하다. 잘 생긴 사람은 특별한 노력 없이도 평범한 사람들의 몇 배나 되는 호감을 얻기 때문이다.

이것은 우리가 소위 능력 중심의 사회에서만 사는 것이 아니라 '이미지가 중요한 사회'에서 살기 때문이다. 그래서 외모가 흉한 사람은 변변한 기회조차 얻지 못하는 경우를 우리 주위에서 자주 보게 되며, 반면에 잘 생긴 사람에게는 꼭 뛰어난 능력이 없어도 성공이 알아서 찾아오는 일이 많다.

하지만 외형적인 매력이 좀 떨어지는 사람도 웃는 얼굴 하나만으로도 호감을 줄 수 있다는 연구 결과가 있다. 그러니까 자신이 꽃미남 꽃미녀 측에 들지 않아도 너무 걱정할 필요는 없다. 너무나도 간단한 해결책이 있으니까.

간단한 해결책이란 특별한 것이 아니라 웃는 것이다. 상대가 비록 당신에게 힐난과 질책을 퍼부을 일이 생겨도 멋지게 미소 한 번 보이고 이야기 해보라. 최소한 더 나빠질 일은 없을 것이다. 아낌없이 웃고 또 웃는 것이다.

당신이 실수로 누구의 발을 밟았다고 치자. 그럴 때 무뚝뚝한 얼굴 대신 최대한 상냥하게 웃으면서 "미안해요."라고 말해보라. 어쩌면 밟힌 사람은 그 환한 웃음에 마비되어 당신이 한 말조차 못 알아들을지도 모른다. 오히려 당신의 미소 때문에 똑같이 웃으며 이렇게 말할 것이다.

"아, 괜찮습니다."

🖋 실전에는 이렇게
웃어라. 손해 볼 일은 결코 없다.

🖋 활용법
자고로 고객은 물론 상사로부터 호감을 얻어야 일이 원만하게 진행된다.

03
보상의 법칙

● ● ● 다른 사람들로부터 호의를 받거나 억울한 일을 당하면 반드시 갚고야 마는 보상의 법칙이 있다.

인간에게는 공통적인 심리법칙이 있다. 그 세 번째는 다른 사람들로부터 호의를 받거나 억울한 일을 당하면 반드시 갚고야 마는 보상의 법칙이 있다.

누군가 나에게 호의를 베풀면 나 역시 거기에 보답해야 하는 의무감이 생기게 마련이다. 사실 이런 법칙이 사람들의 마음에 없다면 누구나 받으려고만 할 것이다. 따라서 보상의 법칙은 인간사회를 유지하는 데에 기둥 같은 것이다. 이런 법칙이 있으므로 인간관계에서 좋은 상대에게 가슴에 상처를 주는 일을 하지 않게 된다.

심리학자들이 전화번호부에서 무작위로 100명을 골라 크리스마스 카드를 보내는 실험을 한 일이 있다. 그런데 심리학자들이 놀라운 것은 카드를 받은 사람들 중 85%가 답장을 보내야 한다는 의무감을 느껴 정말로 답장을 보냈다는 사실이다. 그런데 답장을 보낸 사람들은 보낸 사람이 '당신의 토마토' 라는 익명으로 보냈는데 보낸 사람이 누구인지도 모르면서도 답장을 보낸 것이다. 그들은 호의를 받으면 보답하지 않고 가만히 있는 것은 도리가 아니라고 생각했던 것이다.

또 이런 일도 있다. 걸인으로 위장해서 백화점 앞에서 행인들에게 구걸을 했을 때 그냥 손을 내민 것보다 조그마한 꽃 한 송이라도 주면서 구걸을 하자 돈을 더 많이 받았던 것이다. 이 사실 역시 인간에게는 보상의 심리가 작용한다는 것을 말하는 것이다.

🌿 실전에는 이렇게

작은 선물이나 호의를 베풀거나, 평범한 수준 이상의 개인적인 도움을 주거나 식사나 골프, 공연 등을 초대하거나 유용한 정보를 제공하여 상대방에게 도덕적, 심리적 의무감을 갖도록 하여 당신의 인맥을 넓히는 데에 이용하자.

🌿 활용법

당신의 호의를 경험한 고객이 그것에 보답해야 한다는 의무감을 거부감이 들지 않도록 한다. 고객 쪽에서 주문을 하거나 다른 방식으로 보상을 하고자 노력하도록 유도한다.

04
대조의 법칙

• • • 상사로부터 결정을 이끌어내고 싶다면, 우선 당신이 보기에
도 상사가 거절할 것이 뻔한 다른 제안을 먼저 내밀어라.

큰 물건이라도 그 보다 더 큰 물건 옆에 놔두면 상대적으로 작게 보
인다. 또한 원래는 보통 크기의 물건이라도 큰 물건 옆에 둔 물건은 아
주 작아 보인다. 이런 이유로 보석상들은 항상 제일 크고 비싼 물건
을 제일 먼저 보여준 다음, 조금씩 가격이 낮은 물건을 차례로 내놓는
다. 그래야 맨 처음 본 것에 비해 나중에 보여준 보석이 저렴하고 실
속 있는 것으로 느껴지기 때문이다.

상사로부터 결정을 이끌어내고 싶다면, 우선 당신이 보기에도 상
사가 거절할 것이 뻔한 다른 제안을 먼저 내밀어라. 상사가 그 '바람
잡이용 제안'을 거절하고 나면, 다음엔 당신이 제안하는 진짜 제안을
받아드릴 가능성이 훨씬 높다.

🍃 더 작은 불행의 힘

한 심리 실험에서 실험을 받는 그룹에게 좋은 일을 할 기회가 생겼다고 알린 뒤 이런 제안을 했다. 1년 동안 자신의 집에서 장애인을 돌볼 사람이 없느냐고 말하자 한 사람도 손을 들지 않았다. 그러자 그럼 1주일에 한 번씩 장애인을 데리고 동물원에 데리고 다니는 봉사를 할 사람이 없느냐고 하자 이번에는 100% 모두가 손을 들었다.

다른 그룹에게는 처음 질문을 하지 않고 두 번째 제안만 했더니 겨우 30%만 손을 드는 것이었다. 이 실험의 비밀은 무엇일까? 첫 번째 그룹에서는 동물원에 장애인을 1주일에 한 번쯤 데리고 가는 봉사활동은 너무 쉬운 일로 비추어진 것이다. 이미 1년씩이나 장애인을 돌봐야 한다는 부담스러운 제안을 듣고 난 뒤에는 그렇게 느껴지게 된 것이다.

🍃 실전에서는 이렇게

고객이 결정을 내리기 쉽게 하려면 다른 상품과 가격비교를 할 수 있게 하는 것도 좋은 방법이다.

"현재 고객님 댁에 있는 '비트인 부엌도 예쁘고 말끔하게 됐네요. 당시엔 600만 원이 들었을 겁니다. 이번에는 저희 회사에서 부엌 전체를 꾸며 드리는 리노베이션은 모든 서비스를 다 포함해서 견적이 540만원 밖에 나오지 않습니다."

혹은 더 큰 부담과 더 큰 손해를 보는 다른 것에 비해서 당신이 제안하는 서비스의 상품이 상대적으로 부담이 적고 손실이 덜하다는 점을 강조한다.

활용법

마음을 정하지 못한 고객이 상품이나 서비스를 더 적극적으로 구매하거나 제안을 받아들이도록 유도 한다.

05
군중의 법칙

••• 사실 군중심리는 집단의 생존원칙과 맞닿아 있다. 가끔 거
기에서 보이는 맹목적인 특성은 집단적인 무지의 결과라고
할 수 있다

축구경기장에서 갑자기 많은 사람들이 떼를 지어서 어디론가 달려 가기 시작하자 마치 소용돌이가 모든 것을 삼키듯 거기에 있던 모든 관중들이 일어나 한 방향으로 몰려가게 된다. 이런 현상을 이른바 '패 닉' 이라고 부른다.

사실 군중심리는 집단의 생존원칙과 맞닿아 있다. 가끔 거기에서 보이는 맹목적인 특성은 집단적인 무지의 결과라고 할 수 있다. 한 무 리의 양떼가 어딘가로 열심히 달려간다고 하자. 90%이상은 정말 늑 대가 오고 있는 지 조차 알지 못한다. 하지만 일단 기다렸다가 사실을 확인하고 도망을 가면 이미 때를 놓치게 된다.

사람도 마찬가지다. 복잡한 거리를 바삐 지나가던 행인들이 큰 꽝 음을 듣고 모두 땅에 엎드린다고 하자. 권총이 발사된 것인지, 아니면 지나가던 자동차가 고장이 난 것인지 알 수가 없다. 확실한 것은 그

순간만큼은 굉음의 원인을 찾아보다가 일단 다른 사람들처럼 납작 엎드리는 것이 살아남는 길이다.

　군중심리는 실제로 우리 생활에 많은 영향을 미친다. 우리는 이유도 모르면서 유행을 따르고, 사회가 요구하는 트렌드나 바람직한 행동을 별로 저항하지 않고 받아들인다. 모두 군중심리에서 비롯된 것이다.

🍃 다 웃으니까 나도 웃지

　TV시트콤을 보면 음향효과로 미리 사람들의 웃음소리가 튀어나온다. 실제 사람들에게 이런 인위적인 효과로 사람들을 억지로 웃게 만드는 것에 대해서 거부감을 느끼기도 한다. 하지만 시트콤을 보여주어 이런 인위적인 웃음소리를 들려주면 모두들 웃음을 터뜨린다. 똑같은 시트콤인데도 이런 인위적인 웃음을 빼고 보여주면 그저 빙그레 웃을 뿐이다.

　왜 그럴까? 방송에서 들려주는 웃음소리가 진짜 웃음소리가 아니라는 사실은 누구나 다 알고 있는 사실이다. 하지만 우리의 의식만 그것을 알고 있을 뿐, 우리를 더 강하게 지배하는 무의식은 음향효과가 진짜인지 가짜인지 별로 개의치 않는다. 오히려 인간의 무의식은 외부로부터 전달된 사람들의 웃음소리를 신호로 알고 자동적으로 함께 웃음소리를 내는 것이 유리하다고 판단하는 것이다.

"저희 고객 90%가 이 모델을 선택하셨고, 이 상품에 크게 만족하고 있습니다."

"올해에는 오렌지 색상 계열이 인기입니다. 써 보신 손님들은 모두 좋다고 합니다."

상대에게 권하려는 특정 상품이나 행동을 다른 많은 사람들도 동일하게 관심을 보였으며 많은 사람들이 이것을 선택하였다는 것을 알린다.

◢ 활용법

다수의 많은 사람들이 비슷한 행동이나 결정한 것을 귀띔하여 고객이 결정하도록 유도한다.

06
권위의 법칙

• • • 상대방이 인정할 만한 권위 있는 내용이나 인지도 있는 참
고인의 이름을 거명하면 효과를 볼 수 있다.

어떤 논리를 펴서 상대를 설득할 때 당신이 권위 있는 어떤 권위를
대면 당신의 말에 상당한 설득력을 얻는다. 인간이 모여 일하고 생활
하고 있는 집단에서는 기본적으로 위계질서가 있다. 조직원들은 대부
분 그 위계질서에 자신이 져야 할 책임을 위임하는 데에 익숙하다.

어느 종합병원에서 실험한 이야기다. 의사들이 제대로 교육을 받
고 경험도 풍부한 간호사들에게 환자들에게 황당한 처치를 하도록 명
령을 내렸다. 심지어 귀에 뿌리는 약을 환자 항문에 삽입하라는 실로
어처구니없는 처치를 하라고 명령을 내렸다. 그런데 간호사들은 이런
어처구니없는 지시도 그대로 수행하였다. 황당한 지시도 하나도 빠짐
없이 수행한 것으로 나타났다. 흰 가운을 입은 의사라는 권위의 힘이
대단하다는 것이 이 실험을 통해 나타났던 것이다. 어느 정도의 교육
수준이 있는 간호사들도 이 지시에 군말 없이 복종했던 것이다. 상품

을 팔 때에도 이 점을 활용할 필요가 있다. 상대방이 인정할 만한 권위 있는 내용이나 인지도 있는 참고인의 이름을 거명하면 효과를 볼 수 있다.

예를 들어서 "대통령께서 만찬회할 때에 저희 제품을 애용합니다." "저희 제품을 미국 식품협회가 인정했습니다." 등 권위 있는 기관이나 협회를 이용하면 효과가 있다.

또 다른 방법으로는 다른 유명한 대기업의 이름을 빌려다가 쓰는 것도 있다. 대기업의 제품을 써본 고객들이 입증한 내용이나 당신회사의 제품이나 서비스가 적용되는 것이라면 그것을 거론하여 제법 큰 효과를 거둘 수가 있다.

✍ 실전에서는 이렇게

상대방이 제품에 대해서 더 신뢰를 갖도록 하기 위해서는, 공신력 있는 기관의 제품 테스트, 언론보도 내용, 연구 조사결과, 관련협회 등의 견해나 인기 연예인이나 유명 인사들의 말을 인용하는 말 등을 들려주는 것이 좋은 방법이다.

특히 말하는 당사자가 권위 있는 직함을 달고 있거나, 그것을 너무 표가 나지 않게 넌지시 흘릴만한 자질을 갖는다면 그 효과가 크다.

활용법

해당분야에서 인상적인 권위자나 공신력 있는 기관을 언급하여 고객의 결심을 유도한다.

결핍의 법칙

● ● ● 인간은 경쟁 상태에 있을 때에는 혈압이 높아가고, 스트레
스 호르몬이 분비되며 시야가 현저히 좁아진다.

중고 자동차를 판매하는 판매사원은 고의로 똑같은 시간에 같은 차
에 관심을 보인 고객들을 불러 모은다고 한다. 손님이 다른 경쟁사가
있다는 것을 아는 순간, 일제히 자동차를 사려고 눈에 불을 킬게 뻔하
기 때문이다. 하지만 위험부담도 적지 않다. 만일 한 명이라도 마음이
변하여 그 자리에서 손을 떼면 갑자기 다른 사람들 눈에도 그 차가 별
로 매력이 없어 보이기 때문이다.

사람도 마찬가지다. 사랑하는 사람이 떠나려고 할 때, 아니면 다른
사람이 나타나 애인을 사이에 두고 사랑 싸움을 하게 되거나 장애물
이 나타날 때면 그 사랑은 더욱 열정적으로 불이 붙게 되는 것이다.

희소가치가 있는 것은 때로는 엄청난 위력을 발휘한다.

샌디에이고의 한 심리 연구소에서 술집에서 손님을 상대로 한 실
험을 하였다. 오후 5시에서 12시까지 여성들에 대한 남성들의 호감도

조사를 실시하였는데, 같은 여성인데도 밤이 깊어갈수록 호감도가 점점 높아가는 것으로 나타났다. 오후 5시에서 8시 사이에는 한 여성에 대한 호감도가 높지 않았는데, 밤이 깊어갈수록 여성에 대한 호감도가 높아갔다. 같은 여성이고 특별한 화장을 하지 않았는데도 말이다.

인간은 경쟁 상태에 있을 때에는 혈압이 높아가고, 스트레스 호르몬이 분비되며 시야가 현저히 좁아진다. 합리적 이성의 힘은 점점 감소되고, 대신에 감정에 의해서 움직이게 된다. 그리하여 판매사원이 사용하고 있는 희소가치가 진정으로 가치가 있는지 따져보지도 않고 본능적으로 판매라는 행동을 취하게 된다.

실전에서는 이렇게

결핍의 법칙을 잘 활용하면 고객의 결정을 앞당기게 할 수 있다. 그래서 마트나 대형 백화점 또는 홈 쇼핑에서 "지금 몇 개 밖에 남지 않았다든지", 또는 "물건이 다 떨어져 얼마남지 않았습니다."라고 선전하여 고객을 유인하는 것이다.

고객은 정보, 상품, 기획 등의 수량이 많으면 취하지 않을 수도 있는데 희소가치로 인해 구매라는 결정을 해버리는 것이다.

성공의 10대 원리

PART 1

꼭 이루고 싶은 목표를 가져라

인생의 목표는 반드시 필요하다

••• 그럼 목표란 무엇을 말하는 것일까?
사전에 의하면 목표는 '목적' 또는 '목적지'로 되어 있다.
그것은 계획을 말하기도 한다.

목표가 없는 사람은 날개 없는 매와 같다. 목표가 없는 사람은 떠돌아다니는 것이지 전진하는 것은 아니다. 그런 사람은 절망과 좌절 실패만을 맛보게 될 것이다.

미국의 양로원에 살고 있는 사람들의 노인들은 생일날이나 크리스마스와 같은 명절날 전에는 사망률이 낮다고 한다. 대부분의 노인들은 생일이나 크리스마스를 보내기 위해 목표를 세운다. 그날 멋있게 보내기 위해 계획을 짠다. 그러나 그런 기념일이 끝나고 나면, 즉 정한 목표가 달성되고 나면 삶의 의지가 악화되어 사망률이 급증한다.

인생에서 가치 있는 목표가 있다면 인생의 수명은 어느 정도 연장될 수 있다는 것이 미국 양로원의 사망률로서 알 수 있다. 그럼으로 인생에서 목표는 참으로 중요하다.

그러나 대부분의 사람들은 목표를 가지고 있지 않다. 그래서 그들은 방랑자의 위치에서 방황하고 있는 것이다.

프랑스의 유명한 곤충학자 쟝 알리 파브로가 어느 날 벌레에 관해서 연구하다가 매우 중요한 것을 발견했다.

이 날벌레들은 우매하게도 앞에 있는 날벌레들만 졸졸 따라다닌다. 앞서가는 날벌레들만 무려 7일 동안 따라다니다가 그만 기아상태에 빠져 질식해서 떨어져 죽는다. 그들 주위에는 먹을 것이 많이 널려 있는데도 그것들을 거들떠 보지도 않고 말이다. 그들은 방향 없이 앞에 있는 날벌레만 따라다니다가 굶어 죽게 된 것이다. 사람들도 마찬가지다.

🖊 목표의 의미

그럼 목표란 무엇을 말하는 것일까?

사전에 의하면 목표는 '목적' 또는 '목적지'로 되어 있다. 그것은 계획을 말하기도 한다. 당신이 학생이든, 회사원이든 목표를 가져야만 간절히 바라는 소원을 이룰 수 있다.

"목표를 가진 회사 사원을 보여준다면 나는 당신에게 회사를 창립한 사장을 보여주겠다. 그러나 목표가 없는 사원을 보여준다면 나는 당신에게 영원한 말단 사원을 보여주겠다."

J. C 페니의 말이다.

당신이 무엇을 하는 사람이든, 직업이 무엇이든 목표를 가져야 한다.

만일 당신에게 산을 옮길만한 힘이 있는데 목표가 없다면 그 힘을 나쁜 데에 사용하여 당신을 죄인으로 만들 것이다. 그러나 확고한 목표가 있다면 그 힘을 목표를 이루는 데에 사용하여 인류역사에 남을 위대한 업적을 남길 것이다.

세계 최고봉인 에베레스트 산맥을 인류역사상 최초로 정복한 영국의 에드먼드 힐러리 경은 자신은 반드시 에베레스트 산 정상에 오르겠다는 확고한 목표를 가지고 매일 등산을 시작했는데, 어느 날 자기가 그토록 원했던 에레베스트 산 정상에 올라와 있는 자신을 발견했다고 말했다. 정확한 목표 없이는 당신은 아무 것도 성취할 수 없다.

02 삶을 변화시키는 목표와 계획

••• 행동하는 사람들은 모두 깊은 생각을 하고 있던 사람들이었
다는 것을 우리는 깨닫지 못하고 있다.

목표는 당신이 성취하고자 하는 목적이며, 간절히 바라고 있는 대상이며, 계획은 그 목적을 달성하기 위한 구체적 방법이다. 목표와 계획은 모두 당신의 마음 속에 들어있는 것이다.

주위를 돌아다 보라. 주위에 있는 모든 것들은 어떤 사람의 마음속에서부터 시작된 것이다.

우리가 가정에서 사용하고 있는 컴퓨터는 빌 게이츠라고 하는 한 젊은 사람의 마음속에서부터 시작되었으며, 당신이 읽고 있는 책 역시 옛날 한 사람의 마음 속에서 시작된 것이다.

우리가 입고 있는 옷, 거주하고 있는 아파트, 그리고 일상생활에서 비롯된 것들 모두가 누군가의 생각에서 비롯된 것들이다. 그리고 그 생각한 것들을 설계하고 만들며, 또 파는 일들은 다른 사람의 목표로 이루어진 것이다.

행동하는 사람들은 모두 깊은 생각을 하고 있던 사람들이었다는 것을 우리는 깨닫지 못하고 있다. 어떤 사물들을 제대로 보지 못하기 때문에 인간의 마음 속에 구체화된 목표와 계획에 대해서 관심이 없는 것이다.

오늘날의 교육도 학생들에게 목표를 세우고, 그 목표를 달성하는 현실적인 계획을 세우는 것에 대해서 가르치고 있지 않다. 가정에서도 부모들이 자녀가 목표를 세우는 일에 조언을 해주고 이끌어 주는 부모는 찾아보기 힘들다. 부모 자신이 그런 교육을 받지 못했기 때문이다. 인생에서 '어떻게 성공할 것인가'를 배우는 일보다 중요한 것은 없다.

🌿 구체적인 계획을 세워라

많은 사람들이 매일, 매주 열심히 쉬지 않고 일하고 있다. 그런데 그들은 목표를 가지고 있더라도 모호하고 수동적이어서 제대로 그 기능을 하지 못하고 있다. 예를 들어서 목표를 물질적이거나 금전적인 것에 한정시키고 있는 것이다.

그들은 새로운 사업, 새로운 상품만을 목표로 세운다. 물론 그러한 것들도 목표가 될 수 있다. 그런데 그러한 목표를 실현하려면 돈이 필요하다.

여기서 당신이 알아야 할 것은, 물질적인 목표를 완성하기 위해서는 필요한 돈에 대해서 계획을 세워야 한다는 점이다.

또 어떤 사람은 목표는 있는데, 잠재적인 것으로 끝나고 만다. 그들은 도저히 불가능한 목표를 세운다. 그 예를 한 가지 들겠다.

한 사람은 직장생활을 50세까지 하는 것으로 목표를 세웠다. 그런데 은퇴 후에 무엇을 하겠다는 구체적인 목표가 없었다.

50세의 은퇴, 그것이 그 직장인의 목표였다. 그러나 그 목표는 그의 남은 인생과 연계시키지 못했다. 만약 그가 그 목표대로 되었다면 그 목표는 그것이 막연히 이루어졌다는 것을 깨달을 것이다.

목표정신을 발굴하는 법

• • • 당신 자신으로 하여금 잘 해낸다는 자부심을 느끼게 하라.
　가능하다면, 오디오 카셋 테이프에 자신의 목소리로 목표를
　녹음하라.

　대부분의 사람들이 그들의 인생에서 실패하는 이유는 그들이 목표를 첫 번째 위치에 두지 않기 때문이다. 따라서 다음 단계는 당신이 대부분의 기본적인 목표들을 체득하는 게 매우 중요하다고 나는 확신한다.

　콜로라도 센버에 마이크 몰리닉스라는 나의 친구가 살고 있다. 그는 나와 더불어「목표정신」이라는 제목의 특별한 목표설정훈련을 공동집필하고 개발했다. 그 프로그램은 하나의 독립적인 세미나로서 미국과 자유세계를 통해 가르쳐지고 또한 나의「승리의 심리학」비디오 세미나에 대한 주종훈련으로서도 가르쳐지고 있다.

　세미나에 참석한 몇 천 명의 학생들을 가르친 후에 마이크와 나는 감각의 주요 목표에 관한 상세한 자아상과 자기회화를 구축하는 것은 목표설정 과정에 있어서 중요한 단계임을 발견했다.

이러한 「자기회화」 진술을 매일 여러 번 읽거나, 목표진술을 자신의 목소리로 녹음해 들음으로써 당신 목표의 잠재화를 촉진시킬 수 있다. 당신의 자아상을 현실과 같이 생생하게 상상되어진 것 사이의 차이를 구별할 수 없다.

반복해서 당신의 목표를 강화시키기를 그것들이 마치 현재에 있는 것처럼 습관을 들인다면 그것은 잠재의식인 수준에서 당신의 창조적인 상상력에 시각적·감각적·언어적으로 제안을 아끼지 않을 것이다. 이러한 제안들을 자주 반복한다면, 당신의 이전 습관의 형태들은 성공을 위해 계획한 새로운 계획으로 대치될 것이다.

당신의 행운의 수레바퀴를 조정하고 당신의 「목표정신」을 「황금정신」으로 전환하기 위해, 한 문장 속에 당신이 선택한 여덟 가지 목표개시 아이디어를 상세하게 정의하라.

성공적인 사람들이 여덟 개의 항목들 중 4,5개를 동시에 실행한다고 해도 비정상적인 일은 아니다. 나는 여러 분야에서 매일 몇 개의 목표카드를 복습하고 그들의 목소리로 녹음된 그 목표들을 들으면서 거래처를 매일 왕래하는 많은 최고 경영자들을 알고 있다.

이런 사람들은 내가 만난 사람들 중에서 가장 행복한 결혼생활을 누리며, 가장 멋진 부모들이고 재정적으로 가장 안정적인 사람으로 보인다. 그들은 인생에서 어디로 가기를 원하는지 알고 있으며 정도(正道)를 걷고 있는 사람들이다.

당신은 정의되어진 여덟 가지 항목 중에서 하나의 목표를 갖고 그것을 성취하려고 계획을 세울 때는 카드를 준비하라. 그리고 각 카드에다 여덟 가지 목표들을 각각 써라. 마치 이미 그 목표에 도달한 것처럼

- 대명사 「나」를 사용한다.
- 현재시제 동사(動詞)를 사용한다.
- 행동 수식어(일찍, 정규적으로 등)를 사용한다.
- 감정표현 단어를 사용한다.
- 목표(현재 시제)

당신이 기록카드 위에 「자기회화」 목표진술을 쓸 때 당신은 문장을 구성하는 데 세련되고 정교한 말을 사용해야 한다. 이것은 제안된 목표를 당신이 잠재화 시키는데 있어서 성공과 실패의 차이를 판독할 수 있다.

당신이 행운의 수레바퀴 여덟 가지 항목에 대하여 목표진술 카드를 정확히 작성했으면, 매일 당신이 어디를 가든지 그것을 갖고 다니는 것을 습관화하라. 당신의 일상적인 일이 시작되는 아침에 그 글을 읽고, 낮 동안에도 그것을 읽어라.

당신 자신이 이미 각각의 목표에 도달하였음을 시각화하라. 당신 자신으로 하여금 잘 해낸다는 자부심을 느끼게 하라. 가능하다면, 오디오 카셋 테이프에 자신의 목소리로 목표를 녹음하라.

04
놀라운 잠재력

• • • 당신과 나는 우리를 좌절시키기 위해 계획된 정보보다 우리
를 성공시키기 위한 정보에 정신을 집중할 때가 온 것이다.

　나는 러시아와 독일, 불가리아가 그들의 올림픽 선수들이 높은 성
적을 올리도록 하기 위해 사용한 방법에 대해 감명을 받았다.

　그들은 선수들 자신의 목소리로 녹음된 목표설정이 테이프를 통해
부드럽게 흘러나오고 동시에 클래식 음악을 듣도록 지시하고 있다. 그
들은 음악을 즐기면서 음악에 초점을 맞춘다. 목표진술은 잠재의식적
이며 배경이 되는 소리가 된다. 그렇지만 그 목표들은 들을 수 있고 인
지되어질 수 있어야 한다.

　천천히 울리는 클래식 음악의 리드미컬한 박자는 두뇌에 편안한 분
위기를 마련해 주고 제안을 받아들이고 시각화하는 데 가장 민감하며,
오른쪽 두뇌가 목표에 대해 긍정적인 반응을 하도록 왼쪽 뇌의 지배
를 벗어나게 한다.

　오른쪽 뇌는 우리 자신에 관해 대부분의 부정적이고 잠재의식적인
감정들을 내포하고 있는 듯이 보이기 때문에 우리의 반복적인 목표 진

술들은 사실상 우리 자신에 관한 견해를 변화시키고 우리 삶의 방향을 바꿀 것이다.

긍정의 테크닉과 실험이 우리 자신들을 세뇌시키고 있으며, 거짓을 말하고 있다는 잘못된 인상을 주지 않게 하라.

내가 제시하고 있는 것은 우리 자신들을 세뇌시키거나 속이는 것은 결코 아니다. 우리는 알지 못하는 사이에 일주일 내내, 낮과 밤으로 세뇌를 당하고 속임을 당하고 있다.

우리가 본 프로그램들, 우리가 읽은 잡지들, 우리가 듣는 정보들, 우리가 대화하는 사람들, 모두가 우리로 하여금 세계에서 일어나고 있는 것에 대해 감각적이고 극적으로 인식하도록 하고 있다.

대부분의 사회적 정보는 부정적이다. 당신과 나는 우리를 좌절시키기 위해 계획된 정보보다 우리를 성공시키기 위한 정보에 정신을 집중할 때가 온 것이다.

우리의 마음을 비누로 씻어내어 깨끗이 비우고 나서 목표를 갖고 계획을 세워야 할 때가 된 것이다.

마음은 계획적으로 목표를 추구하고 있다. 성공적인 사람들은 명확하게 정의된 운영계획과 목적을 갖고 있으며 끊임없이 그것에 관해 언급하고 있다. 그들은 매일, 매달, 매년 무엇을 향해 나가고 있는지를 알고 있으며, 그들의 삶에서 우연히 일어나는 일이란 없다. 그들은 인생을 손수 행복하게 만들고 사랑스러운 것으로 만든다. 그들은 목표를 성취하는 행동과 단지 긴장을 완화시키는 행동 사이의 차이점을 알고 있는 것이다.

목적은 엔진이다

●●● 대부분의 사람들이 그들의 목표에 도달하지 못하는 이유는
목표가 무엇인지 알지 못하며, 믿을 만하고 성취할 수 있는
것으로 심각하게 생각하지 않기 때문이다.

목적은 우리의 삶을 가동시키는 엔진이다.

모든 사람은 목적을 갖고 있다. 어떤 사람에게는 의식주가 목적이
되고, 어떤 사람에게는 그날을 견디는 것이 목적이다.

그러나 당신에게는 「성공」이 목적이 되어야 한다. 오늘보다는 나은
내일을 위해 창조적인 생활을 하는 것이 목적이 되어야 한다.

상세하게 쓰인 목적들은 목적을 성취하게 하는 연장이다. 마음은
생명이 있는 컴퓨터이기 때문에 명확한 지시와 명령을 필요로 한다.

대부분의 사람들이 그들의 목표에 도달하지 못하는 이유는 그들이
목표를 정의하지 않고, 알지 못하며 또는 믿을 만하고 성취할 수 있는
것으로 심각하게 생각하지 않기 때문이다.

다른 사람들이 관망하는 동안 당신은 행운의 수레바퀴를 잡고 지
휘할 것이다. 우리는 우리가 어디로 가고 있으며, 시간이 얼마나 걸릴

것이며, 왜 가고 있는 것이며, 무엇을 계획하고 있는지, 그리고 누가 우리와 함께 모험을 감행할 것인지를 다른 사람들에게 말할 수 있다. 당신과 나는 계획적으로 살아가고 있는 것이다.

당신의 목표를 향한 10가지 행동단계

••• 당신의 장기적인 목적에 대한 단기적 목표를 설정하라. 너무 먼 미래를 계획하는 것보다 한 달, 6개월, 또는 1년을 위한 목표를 세우는 것이 중요한 적용방식이다.

1. 당신의 장기적인 목적에 대한 단기적 목표를 설정하라. 너무 먼 미래를 계획하는 것보다 한 달, 6개월, 또는 1년을 위한 목표를 세우는 것이 중요한 적용방식이다.

2. 도달하기 힘들지만 시야에 들어오는 목표를 설정하라. 성공에 대해 점차적으로 접근을 시도하는 것은 매우 중요하다. 비교적 낮은 수준의 목표를 설정함으로써 당신이 그것을 해냈을 때 또 다른 목표를 세우기 쉽다. 단계적으로 목표를 성취해 나가는 것은 당신에게 확신과 자신감을 심어준다.

3. 같은 목표의 성취에 관심 있는 자극을 주는 사람들을 주변에 가짐으로써 자신을 강화시킨다. 또한 전문가들과 더불어 당신의 목표를

검토하라. 이미 성공한 사람들로부터 조언을 얻어라.

4. 미리 어떤 보답이나 축하의식 같은 것을 설정하라. 그러면 당신은 당신의 목표를 성취한 것을 축하하기 위한 특별행사를 갖게 될 것이다. 그것은 여행, 가족이 함께 하는 식사, 몇 가지 특별한 레크리에이션, 새 옷을 마련하거나 개인적인 어떤 것도 좋다.

5. 색다른 종류의 새해 행사를 계획하라. 봉투 속에 이 해를 위한 당신의 목표를 넣으라. 당신의 모든 가족들이 같은 목표를 행하도록 권하라.

새해 전 날이나 첫 날 그 봉투를 개봉하여 당신이 착수했던 것을 얼마나 잘 완수했는가 보라. 그것은 또 다른 훌륭한 한 해를 끝맺게 하는 멋진 방법이다. 그 다음에 새해를 위해 목표를 세워라.

6. 다음 달을 위한 당신의 목표들을 설명하기 위하여 책상용, 간단한 캘린더를 사용하라. 당신은 무엇을 할 것이며, 어디를 갈 것이며, 그리고 누구와 함께 대화를 나눌 것인가를 기록하라.

7. 다음 주 당신의 활동계획을 세우기 위해 한눈에 일주일을 볼 수 있는 포켓용 캘린더를 사용하라. 그것은 점차적으로 당신으로 하여금 월별, 그리고 연차적 목표를 향하게 할 것이다.

8. 모든 것 중에서 가장 중요한 목표를 세우고 철할 수 있는 종이 철을 사용하라. 매일 하루를 마감하는 시간에 내일을 위한 당신의 중요사항을 설정하라. 그리고 당신의 첫 번째 전화나 약속이 있기 전, 새 날의 시작과 더불어 그것들을 검토하라. 성취되어진 것과 성취되지 못한 것을 검토하고 미결된 것은 다음 날의 비망록에 적어 놓으라.

9. 당신의 목표들을 부정적이거나 냉소적인 사람들과 함께 나누지 말라. 진정으로 당신에게 관심이 있고, 당신을 돕기 원하는 사람과 함께 나누라. 승리자들의 충고를 받도록 하라.

10. 당신의 장기적인 재정적 안정을 위해 남에게 의존하지 마라. 당신의 미래를 위해서 매달 얼마만큼씩 저축하라. 마치 당신의 집을 마련하기 위한 적립금을 불입하는 것처럼 하라. 그것이 당신의 가장 좋은 사회적 보장의 원천이다.

PART 2

창의성을 길러라

창의성의 씨앗 상상력

● ● ● 성공적인 사람들에게 있어 이 지도와 도표는 역할 모델 및
가치라고 불리고 있다. 그러나 성공적이지 못한 사람들에게
는 벽이나 암초 같은 것이 된다.

"상상이 세계를 지배한다."

나폴레옹의 말이다. 또한 아인슈타인도 이렇게 말했다.

"상상이 지식보다 중요하다. 왜냐하면 지식이란 당신이 현재 알고
이해하고 있는 것에 한정되지만 상상이란 전 세계를 포함하며 알려지
고 이해될 모든 것을 포함하기 때문이다."

지구상의 모든 생물 가운데 인간만이 유일하게 성공적인 생을 위
한 컴퓨터의 소프트웨어 프로그램 없이 창조되었다. 곤충이나 동물,
새들은 본능적으로 그들이 어떻게 행동해야 할지를 알고 있으며 생존
을 위해 무엇을 해야 할지 알고 있다. 그러나 당신은 어떤 동물보다 더
욱 복잡하고 놀라운 능력을 보유하고 있다.

동물들은 매일의 삶 속에서 고작 먹이와 거처를 발견하며 적을 피
하고 극복하는 데 있어서 한정된 본능을 갖고 있기 때문에 그들은 생

존과 안전을 넘어선 어떤 목표를 갖지 않는다.

　인간은 인생의 안내서로서 미리 기록된 컴퓨터 프로그램 같은 것이 없는 대신 창조적 상상을 할 수 있는 축복을 받았다. 이것은 건강한 정신적 가치체제 위에 부여된 건전한 역할 담당과 적극적으로 가정을 부양하는 것이 매우 중요하다는 것을 의미한다.

　당신은 유랑하는 가축의 무리로 운명지어지지 않았고 한정된 환경 속에 갇혀 있지 않으므로 당신을 안내해 줄 지도와 도표를 필요로 한다. 성공적인 사람들에게 있어 이 지도와 도표는 역할 모델 및 가치라고 불리고 있다. 그러나 성공적이지 못한 사람들에게는 벽이나 암초 같은 것이 된다.

　모든 사람들은 「자아」의식 없이 태어난다. 당신은 핵심적 메시지가 없는 테이프, 즉 약간의 어떤 기록과 배경음악은 있으나 핵심적인 주제가 결여된 테이프와 같다. 당신은 또한 반사하지 않는 거울과도 같다. 당신은 유아기 때 먼저 감각을 통해, 그리고 언어와 관찰을 통해 당신의 비디오, 오디오 테이프에 기록한다.

　이렇게 기록된 자기 이미지, 즉 자아에 대한 이미지가 잘 가꿔질 때 그의 행복과 성공이 싹트고 자랄 수 있는 기본 토양이 된다. 그러나 그것이 무시되면 똑같은 자기 이미지는 낮은 성취와 이상한 행동이나 불행을 가져올 수도 있다.

당신이 바라보는대로 되는 당신

●●● 우리는 매일 그렇게 할 수 있고 또 그렇게 하고 있다. 바로
여기에 성공의 두 번째 원리가 숨겨져 있다.

'당신은 당신이 먹는 대로이다' 라는 속담이 있다. 나는 당신의 가족과 동료들이 함께 나눌 수 있는 새로운 격언을 말하려고 한다. 그것은 '당신은 당신이 보고 생각하는 대로이다' 라는 것이다.

오늘날 너무나 많은 사람들이 텔레비전과 충격적인 영화산업, 당신의 말초신경을 자극하는 그럴 듯한 출판물로부터 정신적 양식을 섭취하고 있다. 나는 흔히 유익하다는 책들의 대부분을 정신적 건강을 해치는 쓰레기 음식물로 간주한다.

텔레비전은 당신의 삶을 풍요롭게 할 수 있는 놀라운 발명품이다. 당신은 텔레비전에 의해 변화되었다. 당신은 TV수상기를 제거할 수 있으나 텔레비전의 방향을 제거할 수는 없다. 당신은 다양한 문화의 시계에 접할 수 있게 되었고, 지구와 외계의 생활에 대한 통찰을 갖게 되었다.

스탠퍼드 대학 연구팀에 의해 산출된 근래의 연구결과는 '당신이 보는 것'이 당신의 상상력과 학습 패턴 그리고 당신의 행동에 영향을 끼친다는 것을 보여주었다.

먼저 당신은 새로운 행동들을 접하게 된다. 다음으로 당신은 어떤 새로운 행동들을 학습하게 된다. 그리고 마지막 결정적 단계에 가서 당신은 이런 행동들을 당신 자신의 행동으로 채용하게 된다.

그러나 당신은 그것에 대한 반응의 원리를 깨닫게 되기까지 그것에 반응하지는 않는다. 다시 말해서 당신의 가치체계는 일어나는 사건에 대한 의식적인 자각 없이 형성된다는 것이다.

수상기 대신에 마음의 카메라를 지니고 우리 자신의 두뇌 안쪽에 있는 TV채널을 당신과 내가 켤 수 있다면 어떻게 되겠는가?

만일 당신이 당신 자신의 프로를 편집하여 방영하고 동시에 당신 자신의 즐거움과 미래의 방송을 위해 그것들을 비디오 테이프에 담아 놓는다면 어떻겠는가?

그렇다. 우리는 매일 그렇게 할 수 있고 또 그렇게 하고 있다. 바로 여기에 성공의 두 번째 원리가 숨겨져 있다.

03
경험이 주는 힘

• • • 우리가 삶 속에서 행동하며 성취하는 것은 실재에 따라 그
　　렇게 하는 것이 아니라 실재에 대한 우리의 의식에 따르는
　　것이다.

완전한 성공의 또 하나의 비결은 당신 마음이 실제적인 경험과 생생하게 반복적으로 상상된 경험의 차이를 분간할 수 없다는 것이다.

이 성장적 경험이 갖는 비밀을 이해하는 것이 인간 행동을 이해하는 근본 열쇠이다.

당신이 보는 것은 당신이 얻게 되는 것일 것이다. 우리가 삶 속에서 행동하며 성취하는 것은 실재에 따라 그렇게 하는 것이 아니라 실재에 대한 우리의 의식에 따르는 것이다.

우리가 매일매일 결단하는 것 가운데 대부분은 「진실된 것」으로서 우리 자신에 대한 축적된 정보 위에 근거를 두고 있다. 그러나 사실상 그 진실, 가족, 친구, 선지자들로부터 들은 풍문과 텔레비전에서 보고 들은 것이 결합된 것이다.

04
당신의 이미지

> ••• 당신은 더 강한 메시지로만 그것들을 지배하며 일정 기간
> 동안 그것들의 영향력을 수정할 수 있는 것이다.

당신은 생의 모든 순간에 당신을 위해서 또는 반대로 작용하는 당신의 자기 이미지를 만든다. 그 자기 이미지는 판단기능을 가지고 있지 않기 때문에 긍정적이든 부정적이든, 옳든 그르든, 안전하든 위험하든 상관치 않고 당신이 넣어 주는 믿음과 태도에 따라 행동한다.

그 자기 이미지의 유일한 기능은 당신이 미리 넣어 둔 정보에 따라 마치 컴퓨터가 기억된 대로 자동적으로 작동되는 것과 같다.

당신의 자기 이미지 로봇 기억장치 속에 넣어 둔 비디오, 오디오, 그리고 감각정보의 대부분은 거기에 머문다. 수십 억의 정보항목들은 모두 수정되기를 기다리고 있다. 그러나 결코 그 항목들은 당신에 의해 마음대로 지워질 수 없다. 당신은 더 강한 메시지로만 그것들을 지배하며 일정 기간 동안 그것들의 영향력을 수정할 수 있는 것이다.

그러나 당신은 삶을 위해 그 정보 항목들을 갖고 있다. 나를 항상

놀라게 하는 것은 뇌수술을 하는 동안의 연구보고인데 이에 따르면 환자들은 수술하는 동안 미세한 전극에 의해 그들의 두뇌가 자극될 때 과거의 모든 경험의 장면들을 회상할 수 있었다는 것이다.

그들이 회상한 것은 어찌나 생생하고 분명한지 소리, 색깔, 놀이친구, 모양, 장소, 냄새까지 세부적으로 기술할 수 있었다. 그들은 단지 기억하는 것이 아니라 경험들을 회상하는 것이었다.

05 창조성을 일으키는 방법

••• 당신이 「좋은 아이디어」나 「번뜩이는 영감」을 갖게 될 때,
     이것은 갑자기 완전한 형태에 달한 것처럼 보인다.

당신은 어떤 것을 완성하기 위해서 그것을 어떻게 작용하는지 이해할 필요가 있다. 당신이 이제 막 생각과 감정과 육체적 반응을 만들어 내는 두뇌기능을 이해하기 시작했을지라도 당신의 발전을 지탱시키는 과학적 탐구 속에는 어떤 불꽃같은 제시가 있었음을 부인할 수가 없다.

당신의 두뇌에 관한 획기적 발전은 1960년대 로저 스페리 박사와 그의 연구팀이 그들의 분할된 두뇌실험을 실시함으로써 시작되었다. 이 연구에서 그들은 인간 두뇌의 분리된 두 부분이 서로 다른 지적능력을 행사하고 있다는 것을 실험할 수 있었다.

그들은 두뇌의 각 부분이 각기 다른 사고와 이익을 갖고 있음을 발견했다. 더욱 중요한 것은 그 두 부분이 아주 다른 방법으로 생각한다는 사실인데 「왼쪽 두뇌」는 언어로 생각하고, 「오른쪽 두뇌」는 그림과

느낌으로 생각한다는 것이다.

오늘날 대부분의 학자들은 몸의 오른쪽 부분을 통제하는 왼쪽 뇌가 언어적 기능과 논리적 기능을 지닌 것으로 당신이 일반적으로 의식적 기능이라고 부르는 것을 포함하고 있다는 데 의견을 모으고 있다.

몸의 왼쪽 부분을 통제하는 오른쪽 뇌는 시각적 · 직관적 · 잠재의식적 기능을 담당한다. 왼쪽 뇌는 언어와 논리적 사유를 담당하는 데 반해 오른쪽은 말로 표현하기 어려운 것을 맡고 있다.

오른쪽 뇌는 말보다 이미지를 사용하여 군중 속에 어떤 인물을 감지할 수 있으며 비디오게임이나 그림조각 및 추가게임에 능하며, 이런 면에서는 왼쪽 뇌를 완전히 제압한다.

당신이 다른 사람과 갖는 대화를 예로 들어보자. 일반적으로 당신의 왼쪽 뇌는 당신이 듣는 말의 문자적 의견에 반응하지만 그 목소리나 느낌은 주목하지 않는다.

그러나 왼쪽 뇌는 목소리와 음색, 얼굴표정, 몸짓에 관심하는 반면 그 말 자체에는 별로 관심을 두지 않는다.

똑같은 사람의 오른쪽 뇌와 왼쪽 뇌의 서로 다른 반응을 예로 든다면, 오른쪽 뇌가 「그에게는 내가 신뢰하지 않는 어떤 것이 있다」고 반응하면 왼쪽 뇌는 「아니다. 그가 말하는 대로 당신의 행동은 바로 여기에 명백하게 있다」라고 반응할 수도 있다.

당신이 잠자지 않고 깨어 있는 대부분의 삶은 왼쪽 뇌의 통제 아래에 있다. 그러나 당신이 「좋은 아이디어」나 「번뜩이는 영감」을 갖게 될 때, 이것은 갑자기 완전한 형태에 달한 것처럼 보인다. 그것은 분명히 무의식적으로 당신의 오른쪽 뇌에서 배양되었음에 틀림없다. 모차르트와 베토벤은 그들의 머릿 속에서 들었던 심퍼니를 단지 기록했을 뿐이라고 말했다.

이고르 시코르스키는 1913년 그의 조국 러시아에서 네 개의 엔진을 단 비행기를 최초로 만들었다. 구경꾼들은 어리석은 것이라고 비웃으면서 그 비행기는 결코 날 수 없을 것이라고 했다. 그것이 성공적으로 날았을 때 왼쪽 뇌의 비판자들은 그 비행기는 경제적 가치가 있을 만큼 충분이 높고 멀리 날 수 있을 것이라고 했다. 그는 그 생각이 틀렸음을 다시 입증했다.

그의 러시아가 공산주의 국가가 되자 그는 창조적인 생각을 가진 사람들과 함께 도망했다. 그는 미국으로 가서 계속해서 쾌속 비행으로 대양횡단 민간항공 여행을 계속 개척했다. 그리하여 50대 중반에는 미국 비판자들이 결코 날 수 없다고 말했던 헬리콥터를 만들게 되었다.

06
창조력을 발휘하는 비법

• • • 당신은 수동적 텔레비전을 바라보고만 있을 것이 아니라 능
동적 자세를 갖고 당신 자신의 미래를 생생하게 그리면서
창조할 수 있어야 한다.

창조성을 발휘할 필요가 있는 당신은 전체 두뇌를 모두 사용하여
생각하는 사람이 되어야 한다.

수천 년 전의 사람들은 보다 더 감정적이며 직관적인 삶을 살았다.
그러나 당신은 연장과 전달수단을 사용하는 법을 배우면서 문제를 해
결하는 데 언어나 논리 등을 사용함으로써 왼쪽 두뇌가 발달된 사회
를 형성했다.

기술적 발전은 놀라운 것이어서 지난 50년 발전이 그 이전의 전역
사를 통해 이룬 것보다 더 큰 것처럼 보인다. 그러나 이것은 시작일 뿐
이다.

당신은 새로운 창조의 시대를 위해 많은 기회를 갖고 있다. 컴퓨터
가 당신의 기계적인 왼쪽 두뇌의 기능에 대신함에 따라 시간과 정신
은 더 유익하게 사용될 수 있을 것이다.

당신은 과거 어느 때보다도 감정, 느낌, 사랑에 대한 기존의 인격, 상호간의 관계를 더 경험할 수 있어야 한다.

당신은 수동적 텔레비전을 바라보고만 있을 것이 아니라 능동적 자세를 갖고 당신 자신의 미래를 생생하게 그리면서 창조할 수 있어야 한다.

먼저 당신은 성공할 수 있다는 것을 믿어야 한다. 그리고 나서 당신 자신이 마치 생의 TV 다큐멘터리를 쓰는 작가인 것처럼 그 성공을 생생하게 마음 속에 그리며, 언어로 표현할 필요가 있다. 오늘 당신이 당신 자신에 관해 어떻게 쓰고, 말하느냐에 따라 내일 당신의 계획이 어떻게 펼쳐질 것이냐가 결정될 것이다.

독백의 효력

●●● 당신은 당신이 겪는 사건과 그 사건에 대한 당신의 반응에
대해 끊임없이 머릿속에서 비평을 계속한다.

당신은 자신에 대해 가장 중요한 비판자이다. 당신이 당신 자신에
대한 의견보다 더 훌륭한 의견은 없다. 당신이 가질 수 있는 가장 중
요한 회의, 연속, 대화는 당신 자신과 갖는 대화이다.

당신이 읽는 대로 당신은 지금 바로 자신에게 말하고 있는 것이다.
"나는 그가 뜻하는 것을 이해하고 있는지, 그것은 내 경험과 어떻
게 비교되는지 보자. 나는 그것을 주목할 것이며…… 내일 그것을 시
도해 보리라. 나는 이미 그것이 매우 좋은 예가 된다는 것을 알았고 지
금 그렇게 행하고 있다. 당신은 언제 그렇게 될 것인가?"

나는 이와 같이 독백, 심리언어, 또는 마음의 언어가 특별히 자기
존경과 창조성의 집 속에서 당신을 위해 활동하도록 조정될 수 있다
고 생각한다.

당신은 잠들어 있는 순간을 제외하고는 항상 삶의 모든 순간에서

당신 자신에게 말한다. 자동적으로 그렇게 되지만 당신은 흔히 그렇게 하고 있음을 의식하지 못한다. 당신은 당신이 겪는 사건과 그 사건에 대한 당신의 반응에 대해 끊임없이 머릿속에서 비평을 계속한다.

당신의 결정 가운데 상당한 부분이 당신 오른쪽 두뇌에서 일어나는 무의식적인 반응이다. 그것들을 말로 표현하지 않기 때문에 당신은 당신이 보고 듣고 만지는 것에 대해 느낌이나 어떤 종류의 시각적 또는 감정적 반응을 나타나게 된다.

그런가 하면 왼쪽 뇌는 당신이 의식적으로 말하고 행동하는 것을 문자적으로 비판하며 판단한다.

외쪽 뇌는 또한 오른쪽 뇌에 어떻게 대항해야 하는지를 잘 알고 있다. 오른쪽 뇌는 다른 곳으로 당신의 운을 돌리게 하여 당신을 넘어뜨리게 한다.

당신이 당신 자신에 대해 갖고 있는 부정적인 느낌, 믿음, 태도의 대부분이 습관적인 반복을 통해 오른쪽 두뇌 속에 축적되어 있기 때문에 당신은 감정이완을 시킬 필요가 있으며 파괴적이고 부정적인 독백 대신 건설적이고 찬사적인 독백을 할 필요가 있다.

성공을 위한 각본

••• 조용한 음악과 함께 몸이 느슨해 진 후에 당신의 독백 녹음
을 들어라. 당신의 녹음된 목소리보다 그 음악이 조금 더 커
야 한다.

적극적인 독백에 접근하는 것은 비록 내가 바이오피드백
(biofeedback)의 기술을 사용하고 있을지라도 로자노프의 방법과 유
사하다.

다음의 예는 단순화된 방법으로 당신의 삶의 어떤 국면들을 더 잘
컨트롤 할 수 있기 위해 당신 자신의 독백을 쓰는 데 도움을 줄 것이
다.

당신이 방해받지 않으면서 당신 자신을 이완시킬 수 있는 시간과
공간을 선택하라.

육체적, 정신적 이완은 필수적인 것이다. 가장 좋은 자세는 다리를
쭉 펴고 등을 곧게 하며 두 손을 당신의 옆구리에나 무릎 위에 놓고 눕
거나 앉은 자세이다.

그리고 라디오나 레코드의 음악을 약하게 틀어 놓으라. 바하나 헨

델, 비발디 등의 고전음악이면 더욱 좋다.

만일 당신이 레코드를 갖고 있다면 템포가 느린 바로크 음악가들의 음악을 선택하라.

여기에 몇 가지 독백진술을 열거했다. 이것을 예로 하여 당신 자신의 건강과 자기 칭찬, 그리고 창조적 성장을 위해 하는 것이다.

이것은 목표를 갖기 위해서는 반드시 필요한 것들이다.

나의 몸은 지금 안정되어 있다.

나는 지금 내 몸을 조정하고 있다.

나는 유일하고 특별한 존재라고 생각한다.

나는 이 세상 어느 누구보다도 나 자신이 되고 싶다.

지금이 가장 살기 좋은 때이다.

나는 내 성취와 목표에 자부심을 가진다.

나는 내 모든 일에 최선을 다한다.

나는 내가 한 약속을 지킨다.

나는 나의 재정적 목표에 도달하고 있다.

바로 지금이 가장 행복하다.

나의 세계는 활짝 열려 있으며 점점 확장되고 있다.

나는 강하며 생명력이 넘친다.

나는 승리자다, 나는 승리자다.

나는 나 자신을 칭찬하며 존경한다.

오늘이 바로 내게는 최상의 날이다.

당신이 당신 자신의 독백을 녹음할 때 평상시의 목소리로 말하라. 당신은 그 독백들이 각각 4초 정도 걸림을 알게 될 것이다. 그것을 세 번 반복하라. 그리고 교대로 한 번은 명령적인 목소리로, 그리고 다음에는 부드러운 목소리로 반복하라.

조용한 음악과 함께 몸이 느슨해 진 후에 당신의 독백 녹음을 들어라. 당신의 녹음된 목소리보다 그 음악이 조금 더 커야 한다.

독백 재생은 알아들을 수 있게 하라. 테이프에서 흘러나오는 말을 의식적으로 들을 수 있게 하라.

테이프에서 흘러나오는 말을 의식적으로 들으려고 하지 마라. 당신의 왼쪽 두뇌는 쉬게 하고 오른쪽 뇌로 하여금 음악을 즐기게 하라. 당신의 오른쪽 뇌는 그 테이프에서 들려오는 당신의 적극적인 독백을 기록할 것이며, 이미지와 느낌으로 그 말들을 지지할 것이다.

당신 자신에 대한 마음의 그림은 당신의 건전한 발전에 열쇠가 된다. 당신의 상상 속에서 보는 사람이 언제나 당신의 세계를 지배할 것이다.

당신은 또한 당신의 가장 위대한 비평가가 된다. 당신은 매일 성취에 대해 부정적으로 비평함으로 당신의 자존심과 창조성을 파괴시킬 수 있다.

당신의 독백은 당신의 자아성에 의해 매순간 모니터로 감시되고 있으며 기록되고 있다.

PART 3

지혜를 키우고 지식을 넓혀라

가장 큰 덕목, 진실

••• 명성과 존경은 돈으로 살 수 없다. 이것들은 사고 팔 수 있
는 것이 아니다. 이것들은 정직으로만 얻을 수 있는 것이다.

고대 로마에서 조각가는 인기 있는 직업이었다. 만일 집에서나 일
터에 단 몇 점의 조각품이라도 없다면 당신은 조각가의 부류에 끼지
못할 것이다.

모든 직업이 그런 것처럼 이 조각법에도 좋고 나쁜 성질이 있다. 가
끔 조각을 하는 가운데 조각가의 실수가 생기곤 하는데 흠집이 생기
는 곳에는 왁스로 메워 고친다. 왁스로 흠을 없애는 조작가의 솜씨가
너무나 훌륭해서 대부분의 사람들은 그 흠을 발견할 수가 없다.

만일 어떤 사람이 강한 집념을 가지고 조각품 중에서 질이 좋은 조
각품을 구하려면 로마의 광장에 있는 조각 시장에 가서 사이니 케러,
곧 「왁스를 바르지 않음」이라는 간판이 걸린 가게를 찾아야 한다. 사
이니 케러 가게에서만 진짜 조각품을 발견할 수 있기 때문이다.

당신은 이처럼 인생을 살아가는 동안에도 진짜 조각품을 구하듯 진

실된 사람들을 찾아야 한다.

　당신이 사람에게서 찾고 있는 어떤 덕목보다 더 중요한 덕목은 왁스가 발려져 있지 않은 「진실」이라는 덕목이다.

　지혜란 경험을 통해 얻은 지식과 정직이 조화된 것을 말한다. 지혜는 행동하는 정직한 지식이다. 시대를 초월하여 사람의 정직이나 부정직의 결과 속에 나타나는 것보다 인과응보의 법칙에 대한 더 좋은 예는 없다. 정직 없이는 어떤 성공도 있을 수 없다. 방법, 장소, 시간을 막론하고 왁스로 흠을 감춘 집이나 사람은 결국 점차 변하여 거짓을 드러내고 말 것이다.

　나는 이미 얼 나이팅게일에 대해 언급했는데 그는 내가 생각하기에 세계적으로 가장 위대한 철학자 가운데 한 사람이었다. 그가 미국 서해안 항구인 샌디에이고에서 행했던 나의 강연을 녹음하여 나에게 다시 들려주었을 때 나는 이를 통해 인격발달의 새로운 장을 열었다.

　얼은 그 녹음 테이프를 시카고에 있는 로이드 코난트에게 보냈는데 그 결과 자아를 돕는 프로그램으로서 나의 중요한 첫 작품인 「승리의 심리학」이 탄생되었다.

　1973년 내가 나이팅게일을 만나기 전에도 라디오 프로그램을 즐겨 청취하는 그의 열렬한 팬이었다. 그때 이후의 나는 나 자신의 교육과 듣는 즐거움을 위해 테이프를 통해 그의 라디오 쇼 대부분을 들을 수 있는 기회를 가졌었다.

　얼 나이팅게일의 말을 듣는 것은 클래식 음악 애호가들이 바하나 베토벤의 음악을 듣는 데서 기쁨을 얻는 것처럼 나에게 기쁨이었다.

인간 본성에 대한 나이팅게일의 통찰을 들으면 그의 프로그램 전체의 흐름이 하나의 통합된 사상임을 발견하게 된다. 그 공통적인 사상은 인격적 정직이다.

얼 나이팅게일은 우리 인간의 정직을 「실패 없는 부메랑」이라고 부른다. 나는 「현재의 당신은 한 바퀴 돌아 제 자리로 돌아간다」고 항상 말해 왔다. 이는 부메랑의 엄밀한 속성이다. 사람이 부정직한 행동을 할 때는 언제든지 되돌아오는 그 결과로 인해 괴로움을 당하게 된다.

어떤 정치가가 중요한 공공 직책에 입후보할 때 그의 지지자들은 그의 유세 동안이나 그의 재직 동안에 다시 되돌아올는지도 모르는 과거의 「비밀」을 미리 막으려고 애쓴다.

오늘날 많은 소매업이 정직한 판매사원과 직원들을 선발하는데 거짓말 탐지기에 의존할 수밖에 없다는 것은 참으로 슬픈 사실이다.

미국에서는 정직과 성실 대신 편의주의가 중요시 되고 있다. 당신이 만일 돈과 자료만 갖고 있다면 당신은 고등학교나 대학의 시험지를 살 수 있다. 즉 당신은 당신 대신 시험을 치러줄 대리자를 살 수도 있으며 학사, 석사, 박사의 학위를 살 수도 있다.

그러나 명성과 존경은 돈으로 살 수 없다. 이것들은 사고 팔 수 있는 것이 아니다. 이것들은 정직으로만 얻을 수 있는 것이다. 이것들은 요구한다고 해서 또는 기회를 노린다고 해서 얻어지는 것이 아니다. 존경이나 명성은 왁스로 위장될 수 없다.

나의 여섯 자녀들에게서 내가 가장 요구했던 것은 무엇보다도 이 정직이었다. 일찍부터 가르친다면 쉽게 사라질 수 없다. 그것은 당신

존재의 일부가 되고 당신의 행동양식의 일부가 된다. 더욱이 그것은 인간 존재로 살아가는 과정 속에서 당신의 성공을 보장해 준다. 당신은 길가에서 돈이 가득 들어 있는 지갑을 주웠을 때 어떻게 하겠는가? 이와 같은 질문을 학생들에게 했을 때 대답을 살펴보면 아마 당신도 놀라게 될 것이다.

"그것은 그 속에 돈이 얼마나 들어 있느냐의 여부에 달려 있습니다."

"나는 그것을 주워서 신문 광고를 통해 알리겠습니다. 그래도 주인이 타나나지 않는다면 내가 가지겠습니다."

"나는 그것을 주워서 그대로 주인에게 돌려 주겠습니다."

만일 당신과 내가 길거리에서 많은 돈이 들어 있는 지갑을 발견했다면 당신도 그 지갑의 주인으로 확인된 사람을 찾아서 손대지 않은 채로 그것을 되돌려 줄 것인가. 당신은 감사 외에 어떤 보상도 기대하지 않을 것이다. 이것이 바로 당신이 당신의 지갑을 잃어버렸을 때 기대하는 것이 아닌가?

그렇다. 당신은 당신의 모든 관계 속에서 정직을 추구한다. 당신 자신의 뿌리 깊은 가치로 결코 흔들리지 않는 한 아무리 당신의 일상적인 만남 속에서 정직한 대우를 받지 못한다 할지라도 결과는 당신에게 유익할 것이다. 이는 생의 원리들 가운데 하나로서 가장 분명하고 기본적인 것이나 불행하게도 가장 알려지지 않은 원리이다. 좋은 행위는 때가 되면 좋은 열매를 맺는다.

성공적인 삶의 3대 명제(命題)

● ● ● 진리를 생각하고 행동하며 말하는 것이 성공을 가져온다 할
지라도. 이것만으로는 충분한 것이 될 수 없다.

　　나의 자녀들의 연령층은 10대부터 20대에 이르기까지 이들은 한결
같이 그들 자신의 내적 기준에 따라 인격적 성장을 추구하고 있다. 이
들 가운데 아무도 알코올이나 마약이나 자멸감, 적대감, 그리고 억압
이나 동기결여 등의 문제들을 갖고 있지 않다. 반대로 이들 모두는 진
정한 성실, 행위규범, 성공관리, 현실주의적 기대 등의 문제를 추구하
고 있다.

　　나의 전문적 세미나나 가정 토론에서 나는 인격적 정직성의 과정
을 단순화시키려 하는데 이는 그 본성에 있어 근본이기 때문이다. 일
상생활 속에서 당신은 당신 자신을 테스트하는 모델로 「완전한 삼각
형」이라고 부르는 것을 사용할 수 있다. 이것은 당신이 어떤 결정을
내릴 때 물을 수 있는 세 가지 기본적 물음으로 구성되어 있다.

1. 이것은 참인가?
2. 이것은 내가 해야겠다고 생각한 것인가?
3. 내가 말하는 것과 행동하는 것은 일치되어 있는가?

이 세 가지 물음은 삼각형의 세 꼭지점을 형성하고 있다. 즉 이들은 당신이 참이라고 믿고 생각하며 행동하고 말하는 것으로 되어 있다. 이 삼각형의 기본은 하나의 부가적인 물음을 갖고 있다. 그것은 당신의 행위가 끝난 후 그것이 삼각형의 세 점에 일치될 수 있는가를 고찰하는 것이다. 즉, '이와 같은 결정은 다른 사람들에게 어떤 영향을 미치게 될 것인가'이다. 이 기본 질문은 성실은 물론 지식과 이해를 포괄한다.

진리를 생각하고 행동하며 말하는 것이 성공을 가져온다 할지라도. 이것만으로는 충분한 것이 될 수 없다. 영향력 있는 존재가 되기 위해서는 당신의 결정이 다른 사람들에게 미치는 영향을 고찰해야 한다. 우리의 결정은 당신 자신의 삶은 물론 다른 사람들의 삶에 어떤 영향을 미칠 것인지 그 가능한 결과를 예견할 수 있는 능력이 바로 내가 지혜라고 말하는 것이다.

당신은 당신 자신에게 유익한 결정을 내리기 전에 다른 사람들의 행복을 솔직하게 고려한다면 당신은 가장 깊은 의미의 진정한 부자가 되는 것이다.

지식과 지혜의 차이점

● ● ● 명백하지만 빈약한 하나의 이유는 그들은 그만한 시간과 노
력을 기울일 만한 가치 있는 일이 없다는 것이다.

캘리포니아대학교(UCLA) 두뇌연구회에 따르면 창조하고 기억하
며 학습할 수 있는 인간 두뇌의 잠재능력은 실제로 무한하다고 한다.
영향력 있는 소련 학자 이반 이예프레모프는 '당신은 당신의 전 생애
를 통해 당신 두뇌의 극히 일부분만을 사용하고 있다. 당신은 별 어려
움 없이 40개 국어를 배울 수 있으며 커다란 대백과사전을 암기할 수
있다' 고 소련 사람들에게 말했다.

이것이 사실이라면 왜 대부분의 사람들은 더 많이 배우지 않고 그
들의 생을 통해 더 많은 일을 성취하지 않는가? 명백하지만 빈약한 하
나의 이유는 그들은 그만한 시간과 노력을 기울일 만한 가치 있는 일
이 없다는 것이다. 이것은 천박한 자존심이 이와 같은 파괴적인 성장
억제를 초래하게 하는 이유가 된다.

그러나 나는 그들이 더 많은 학습과 성취를 하지 않는 중요한 이유

가 그들의 게으름에 있다고 생각한다. 사람들은 필요 이상의 어떤 것에 도전하는 것에 반감을 갖고 있다.

당신이 지식을 얻을 수 있는 유일한 길은 공부이다. 대부분의 사람들에게 있어 공부는 마치 세금을 지불하는 것과 같거나 치과의사에게 가는 것과 같다. 이런 것들은 사람들이 아주 싫어하는 것으로 마지못해 강제나 의무에 못 이겨 하는 그런 것들이다. 대부분의 사람들은 졸업식 날이 공부가 끝난 날로 생각한다.

미국은 전 세계에서 가장 많은 교육적 자료를 자유롭게 공급했다. 우리의 도서관과 대학은 모든 문제에 관한 충분한 자료들을 갖고 있는데 이것들은 매일 밤마다 30분가량의 시간만 기울인다면 그를 지성적이거나 성공적으로 만들 수 있는 것들이다. 이것은 일본이 세계의 경제 및 과학 대국으로 성장할 수 있었던 이유이다.

그들은 계속적인 교육에 우선권을 두었다. 그들은 당신이 별 할 일 없이 무료하게 시간을 보내는 데 사용한 텔레비전의 95%를 생산하고 있다.

유명한 경영학자인 피터 드루커는 우리에게 다음과 같이 충고해주고 있다.

오늘날에 있어 지식은 힘을 갖고 있다. 그것은 기회를 제공해 주며 발전할 수 있는 길을 열어 준다. 과학자들과 학자들은 과정에 있는 것이 아니라 정상에 이르렀다.

그들 대부분은 방위나 경제와 같은 중요한 분야에 있어 어떤 정책이 운영되어야 할 것인지를 결정하고 있다. 그들은 대부분 젊은이의 성장을 책임지고 있다. 배운 사람들은 더 이상 가난하지 않다. 반대로 그들은 지식 사회에 있어 진정한 자본가들이다.

컴퓨터가 타이프 계산기를 대신하고 정보혁명이 서류정리제도를 대신함에 따라 지식과 정신적 능력을 가진 사람들이 더 많은 힘을 가질 수 있게 되었다.

산업혁명이 제조 경험과 자료 경험을 가진 경영자를 따르도록 했던 것과 같이 정보혁명은 훌륭한 기술교육과 재정에 관한 교육을 받은 「지성적 기업가」를 요구하고 있다.

나는 라욜라에 있는 실크 생물학회의 회원으로 있는 동안 고 야콥 브로나우스키 박사의 강의를 들을 수 있었다. 그는 탁월한 수학자이면서 철학자로 「인간의 향상」이라는 책을 쓴 사람이다.

나는 지금까지도 그의 강의를 기록한 노트를 갖고 있는데 그는 이 강의에서 '지식은 사실을 맘대로 뺐다 끼웠다 할 수 있는 루우스리이프식 노트가 아니다. 그것은 당신의 현존 상태에 대해 성실하게 책임을 지고 있는 것이다. 만일 당신이 당신을 위해 다른 사람들을 이용한다면 당신은 그 성실성을 유지할 수 없을 뿐만 아니라 옛 선조의 낡은 지식에 따라 사는 삶을 계속하게 된다' 는 점을 지적했다.

04
자신에게 진실해야 한다

● ● ● 우리 모두는 우리의 운명을 추적하기를 원하며 우리 자신의
방법으로 우리의 생을 살기를 원한다.

우리의 삶은 많은 생각과 행동과 느낌으로 이루어져 있다. 우리의
생각과 경험은 끊임없이 우리의 기억 창고를 형성하는데 우리는 이것
들을 효과적으로 사용할 수 있다. 우리는 자신들의 지식을 쌓아가는
데 그 깊이와 명료성에 있어 서로의 차이를 보여주고 있다.

가장 위대했던 현인들 중의 한 사람으로 우리 속에 항상 살아 있는
소크라테스는 「지식은 하나의 선이며 무지는 하나의 악이다」라고 말
했다. 그는 또한 우리 각자는 강한 개성과 많은 인격적 덕을 쌓아야 한
다고 생각했다.

윌리엄 셰익스피어는《햄릿》에서 우리의 개인적인 이러한 차이를
인식해야 하는 우리의 책임에 대해 설명하고 있는데, 그는 폴로니우
스로 하여금 "무엇보다도 이것을 알라. 즉 당신 자신에게 진실하라. 밤
이나 낮이나 당신은 다른 사람에게 악을 행할 수 없다는 것을 알라"

고 충고함으로써 그것을 설명하고 있다.

셰익스피어가 말하려는 것은 '그것이 좋다고 느껴지면 그것을 행하라' 는 것이 아니다. 그것은 '당신이 로마에 있을 때 로마 사람들이 행동한 것처럼 행동하지 않아야 한다' 는 것이다. 당신은 당신의 정신적 확신과 성실과 당신의 사회적 양심에 따라 살아야 한다. 이것이 당신 자신에게 충실하는 것이며 다른 사람들의 권리를 존중하는 것이다.

우리 모두는 우리의 운명을 추적하기를 원하며 우리 자신의 방법으로 우리의 생을 살기를 원한다. 그러나 우리는 우리의 전생을 통하여 우리가 10대 때 부딪쳤던 것 같은 딜레마에 빠져 있는 것을 발견하게 된다.

우리는 우리의 삶을 어떻게 살기를 원하는가? 우리는 무엇을 선택할 것인가? 우리는 우리의 생을 어떤 의미로 채우고 우리가 찾는 모험과 보상을 얻기 위해 무엇을 할 수 있는가? 우리는 정당한 목표나 바른 길을 택했다는 것을 어떻게 알 수 있는가?

이러한 물음들은 중요한 물음이다. 결코 가볍게 취급되어서는 안 된다. 우리는 우리의 부모님이나 교수 또는 우리의 친구들이 우리가 걸어가야 할 우리의 길을 결정하게 해서는 안 된다. 우리는 경제적인 문제가 우리의 모든 결정을 좌우하게 해서는 안 된다. 우리가 우리 자신에 진실할 수 있기까지에는 해야 할 단계가 있다.

우리가 의미 있는 목표와 생의 목적을 발전시키기 전에 주시해야 할 출발점이 있다. 그것은 닭과 달걀의 문제와 같은 것이다. 대부분의 사람들은 닭으로부터 시작한다. 즉 일로부터 시작한다. 그러나 우리가 달걀, 즉 지식으로부터 출발한다면 우리는 보다 더 확실한 성공을 기약할 수 있다. 대부분의 사람들은 일생의 사업보다 그들의 취미에서 시작하거나 동기를 얻는다.

자신의 적성을 제대로 알자

• • • 천부적 재능을 인식하는 것이 중요한 까닭은 하나의 중요한
재능의 결여가 전인생의 경력을 망가뜨릴지도 모르기 때문
이다.

다음은 당신의 적성을 제대로 알아보기 위한 체크리스트이다. 이
것을 통해서 당신의 적성이 무엇인지 알아보자.

1. 개성 — 객관적으로 다른 사람들과 함께 일하는 것이 좋은가, 아
니면 특수한 개인적인 일에 더 잘 어울리는가?

2. 문장능력 — 형상이나 상징을 다루는 성직자적 능력과 동일하다.

3. 이상적 관념 — 아이디어의 창조적 상상력이나 표현력을 뜻한다.

4. 구상력 — 입체적 사고 능력과 삼차원적 사고 능력

5. 귀납적 추리 — 단편적 사실들로부터 논리적 결론을 형성하는 능
력

6. 분석적 추리 — 하나의 사상을 여러 구성 요소로 분해하는 능력

7. 손가락 재주 — 손가락을 기술적으로 놀릴 수 있는 능력

8. 핀셋 재주 ― 작은 도구를 정밀하게 다루는 능력

9. 관찰력 ― 주의깊게 주목하는 능력

10. 디자인 기억력 ― 디자인을 쉽게 기억하는 능력

11. 음색 기억력 ― 소리를 기억하는 능력과 음악을 이해하는 능력

12. 음률 구별력 ― 음조를 구별하는 능력

13. 리듬감 ― 일정한 리듬 시간을 유지하는 능력

14. 음색 구별력 ― 서로 다른 사람들로부터 같은 음조와 볼륨의 음을 구별하는 능력

15. 숫자 기억력 ― 같은 시간에 많은 것을 기억하는 능력

16. 비율 평가 ― 사대 비율과 조화 비율을 구별하는 능력

17. 저장력 ― 낯선 단어나 언어를 학습하는 능력

18. 예견력 ― 조심스럽게 앞을 내다보는 능력

19. 색감 ― 색깔을 구별하는 능력

당신의 일상생활 속에서 이런 테스트가 어떤 가치가 있는지 알기 위해 용어에 신경을 쓰지 마라. 이런 종류의 자기 분석은 지성적인 사람이나 교육을 많이 받은 사람들에게는 필요 없다. 이 테스트는 인생의 모든 분야에 있는 사람에게, 즉 학생들로부터 노동자들에 이르기까지, 그리고 예능인들로부터 큰 회사의 사장들에 이르는 사람들에게 실시되었다. 미국의 어떤 대통령도 자신의 천부적 재능을 알기 위해 이 테스트를 받았다.

나는 나의 적성이 이상적 관념, 분석적 추리, 관찰력, 저장력, 문장

능력을 요구하는 직업에 적합하다는 사실을 발견했다. 또한 음악과 관계된 특별한 재능을 갖고 있음을 발견했다.

내 아들 가운데 하나는 내 아내와 같이 음악적 재능이 있다는 것을 발견했다. 우리들 가운데 아무도 오락으로나 직업으로 어떤 형태의 음악을 추구하지 않았다. 물론 악기를 연주하고 싶은 억압된 열망이 있다는 사실은 인정한다. 서정시나 노래를 쓰는 것은 나에게 자연스러운 것이다. 그러나 이 분야의 기술을 개발하기 위해 어떤 시간이나 노력을 결코 기울이지는 않았다.

천부적 재능을 인식하는 것이 중요한 까닭은 하나의 중요한 재능의 결여가 전인생의 경력을 망가뜨릴지도 모르기 때문이다.

어떤 젊은 사람은 유명한 외과의사인 그의 아버지의 뒤를 따를 수가 없었다. 그는 외과 수술을 싫어했기 때문이다. 그의 아버지로부터 소심하다고 낙인찍힌 것은 핀셋 다루는 솜씨가 없었기 때문이다. 구상력은 외과의사가 되려고 하는 사람들에게 필수적인 것이다.

외과의사의 직업을 가진 아버지들이 그들의 직업을 자녀들에게 물려주려고 하기 전에 그들의 자녀들이 고등학교에 다니는 동안 그들에게 구상력이 있는지 시험해 보아야 한다는 충고를 받곤 한다. 구상능력은 아버지로부터 아들에게 전해지지 않는다. 그것은 어머니로부터 아들들에게 전해질 뿐이다. 딸들은 부모 양쪽으로부터 구상능력을 전해 받을 수 있다. 외과의사들은 그들의 가족 전통을 잇는데 딸들에게 기대를 거는 것이 더욱 좋을 것이다.

천부적 재능이 중요하긴 하지만 우리 전생의 방향을 일련의 적성검사에만 기초하여 결정해야 한다고 주장하는 것은 위험스러운 일이며 무책임한 일이 될 것이다. 우리의 삶의 경력은 천부적 능력, 환경, 후천적으로 습득한 기술 등이 혼합되어 있다.

우리의 이력은 가정 사정과 경제 문제에 좌우되는 경우가 많다. 만일 우리가 가장 위대한 지혜의 길을 따라 우리의 삶을 발전시키려면 가능한 한 어릴 때에 우리의 천부적 능력을 발견하도록 노력해야 한다. 아무리 당신의 천부적 재능을 오락 유희 활동으로 사용하려고 할지라도 당신의 천부적 재능을 창조적으로 표현할 수 있다면 더욱 만족스러운 결과를 얻을 수 있을 것이다.

당신 내부의 깊은 곳에는 상당한 욕구불만이 도사리고 있다. 당신은 이것을 사랑하는 사람들에게 표현하기 힘들 것이다. 당신은 무기력하게 '왜 나는 나의 인생을 허비하고 있다고 느끼는지 모르겠다' 고 말할 수 있을 뿐이다.

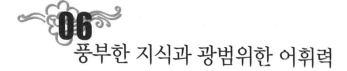

06 풍부한 지식과 광범위한 어휘력

••• 어떤 문제를 해결하기 위해 서로 협동하는 과정 속에서 생
기는 중요한 문제는 당신의 생각을 언어로 표현하는 능력이
있느냐 하는 것이다.

내가 이 장에서 강조하는 것은 적성검사와 그것이 사람들의 일상
적인 삶 속에서 경험하는 성공을 결정하는데 어떤 가치가 있는가에 대
한 것이다. 50년에 걸친 인간공학 연구는, 성공을 위해 가장 중요한
적성은 세계 인구의 95%에게는 감추어진 신비라는 사실을 지적해 주
었다.

지식은 내일의 미개척 영역이다. 두뇌는 직접 근육의 지배자가 된
다. 육체적 생존을 위한 투쟁은 기술 진보의 몰락 와중에서 지성적 생
존을 위한 투쟁만큼 그렇게 철저하지 않을는지 모른다. 어떤 문제를
해결하기 위해 서로 협동하는 과정 속에서 생기는 중요한 문제는 당
신의 생각을 언어로 표현하는 능력이 있느냐 하는 것이다.

완전한 성공을 위한 세 번째 비결은 폭넓은 지식을 갖고 있으며, 풍
부한 어휘력을 갖고 있는 것이다. 이것은 직업과는 아무런 상관이 없

170

다.

교육과 관계없이 대부분의 사람들은 평소 그들 대화에서 80%이상을 대략 4백 개의 단어에 의존하고 있을 뿐이다. 우리말 사전에는 45만 이상의 단어가 있지만 당신은 같은 단어만을 반복해서 사용하고 있다. 만일 당신이 매일 새 단어 10개 이상을 1년 동안만 학습한다면 세계에서 가장 유식하며 말 잘하는 사람이 될 수 있을 것이다.

07 독서를 많이 하라

• • • 독서를 많이 할수록 당신의 생각을 더욱 분명하게 나타낼
　　수 있을 것이다. 당신이 교육을 받는 만큼 당신은 더욱 행복
　　하게 될 것이다.

　　독서는 지식을 늘리며 더 많은 어휘력을 기르는 데 가장 좋은 방법
이 된다. 미국에 거주하고 있는 사람 가운데 5%만이 1년에 책 한 권
을 사서 읽는다고 한다.

　　당신은 배우기를 계속하는 한 당신의 천부적 재능에 대한 지식을
더 많이 얻게 될 것이며, 그것들을 유익하게 발전시킬 수 있는 기술을
습득하게 될 것이다.

　　그리고 독서를 많이 할수록 당신의 생각을 더욱 분명하게 나타낼
수 있을 것이다. 또한 당신의 성공을 도울 수 있는 최상의 역할 모델
을 추구하게 되며 또한 알게 될 것이다. 당신이 교육을 받는 만큼 당
신은 더욱 행복하게 될 것이다.

　　이것은 토머스 울프가 《직물과 바위》에서 말한 바와 같이 우리가 재
능을 가지고 있으면서도 그것을 사용할 수 없다면 그것은 곧 실패와

마찬가지다. 또한 그 재능의 발단을 사용한다면 우리는 부분적으로 실패한 것이나 마찬가지다. 그러나 어떤 재능을 발견하고 그것을 사용하는 다른 방법을 학습했다면 이는 영광스러운 성공을 쟁취한 것과 같다. 그리고 누구도 알 수 없는 승리와 성공을 얻게 될 것이다.

당신은 지혜가 당신이 알고 있는 단어 수에 달려 있는 것이 아니라 당신 자신을 다른 사람들에게 표현하는데 그것을 어떻게 사용하느냐에 달려 있다는 것을 알고 있다. 또한 지혜는 당신 재능에 대한 솔직한 평가와 그것들을 가장 완전하게 사용하려는 결정에 달려 있다.

당신은 이 지혜를 당신 자녀들과 당신의 동료들에게 적용한다. 당신은 매일 이 지혜로 산다. 지혜로의 그 길을 결코 중단하지 마라.

당신이 진정 성공을 원하고 좀 더 나은 성공을 원한다면 지혜를 쌓는 것은 필수적이다. 지혜 없이 결코 성공할 수 없는 것이다.

✍ 지혜를 향한 행동의 10 단계

1. 나이에 상관없이 계속 공부하라. 연구결과는 나이 먹은 성인들이 그들의 자녀들보다 10%이상 더 잘 학습할 수 있다는 사실을 말해주고 있다.

2. 독서할 때에는 당신이 아직 완전하게 이해하지 못하는 새로운 단어들을 찾을 수 있도록 늘 사전을 당신 옆에 두라. 밑줄을 치면서 그 의미를 찾을 때 그것은 영원히 당신의 어휘력을 풍부하게 해 줄 것이다.

3. 좋은 사전 입문서를 구하라. 보통 사람들과 좋은 단어 실력을 가진 사람들 사이에는 대략 3,500단어의 차이만이 있을 뿐이다. 아주 어렸을 때부터 당신의 자녀들에게 책을 읽어주라. 그 어린 자녀들도 당신이 생각하는 것 이상으로 이해하게 될 것이다. 당신 자녀로 하여금 텔레비전 보는 것보다 더 많은 시간을 독서하도록 교육시켜 주라.

4. 적성검사를 받는 것도 한번 검토해 보라. 적성검사를 하는 기관이 당신 주위에 있는지 찾아보라. 또는 도서관이나 대학을 찾아보라.

5. 당신은 어떤 결정을 내리기 전에 '이것은 내가 해볼 만한 일인가?' 라고 당신 자신에게 직접 물어보라.

6. 당신의 자녀가 고등학교 2학년이 되면 반드시 적성검사를 받도록 하라. 고등학교 2학년쯤 되면 그들은 대학진학이나 직업학교나 어떤 직장을 택할 것인지 결정해야 한다. 그들의 천부적 재능을 체크해 주라.

7. 당신의 모든 활동 분야에서 당신이 참이라고 믿는 것을 생각하고 말하고 행동하라.

8. 당신 자신과 당신의 가족을 위한 도서관 열람 카드를 준비하라. 책은 지혜의 원천이다. 그것은 우리에게 길을 제시해 준다.

9. 통신교육 과정이나 평생교육 세미나 또는 주말학교라도 다니면서 모르는 것을 배우도록 하라. 전철이나 버스를 타고 다니면서 그 시간에 공부하여 석사학위를 받은 사람을 알고 있다.

10. 당신은 당신이 가장 존경하는 사람을 모델로 삼으라. 그리고 무엇보다도 당신 자녀들과 부하들에게 성실과 신의의 본을 보이라. 왁스를 사용하지 않는 조각가와 같은 삶을 살라.

PART 4

자존심을 가져라

우리는 모든 행동의 집합체이다

••• 장래를 위해서는 대폭적인 변화가 필요하다는 것을 이해하
면서도 사람들은 생활을 바꾸지를 못하는 것이다.

할머니는 방에 들어가셔서 복사를 해놓은 연설문을 가지고 나오셨
다. 그 연설문은 어느 유명한 정치인의 연설문인데, 할머니는 카랑카
랑한 목소리로 똑또박 그 연설문을 읽으셨다.

"만일 우리가 과거에 무엇을 가르쳤는가 하는 데 따라 오늘이 결정
된 것이다. 오늘의 결과는 과거의 한 원인이 작용하여 이루어진 것이
다. 중국 속담에 '참외를 심으면 참외를 거둘 것이요, 콩을 심으면 콩
을 거둘 것이다.' 라는 말이 있다. 이것은 모든 사람에게 적용되는 진
리로, 선은 선을 낳고, 악은 악을 낳는다."

✍ 변화에 대한 적응력

남아메리카에 몇 세대에 걸쳐서 원인모를 질병으로 일찍 죽는 원주민이 있다. 이 원인을 연구하고 있던 과학자 그룹이 그 원인을 규명했는데, 그것은 점토로 만든 집의 벽에 붙어 사는 독충에 찔리기 때문이라는 것이었다.

원인이 규명되었으므로 원주민들은 병에 걸리지 않기 위한 몇 가지 방법을 강구하게 될 법도 하다. 예를 들면, 살충제로 독충을 없앤다든지, 집을 부수고 다시 짓는다든지 독충이 없는 장소로 이사를 갈 수도 있을 것이다. 그러나 그들은 조상들과 똑같은 생활을 하면서 생활패턴을 바꿀 생각은 하지 않은 채 일찍 죽는 길을 택하고 있는 것이다.

많은 사람들이 자기 자신의 성장과 발전의 기회가 왔을 때에도 무의식적으로 전과 똑같은 태도를 취하고 있음을 깨달을 것이다. 장래를 위해서는 대폭적인 변화가 필요하다는 것을 이해하면서도 사람들은 생활을 바꾸지를 못하는 것이다.

인간은 수많은 장벽을 뛰어넘어 적극적으로 자기 변혁을 시도함으로써 성장한다. 이 평범한 진리를 알면서도 눈앞에서 일어나고 있는 일을 자기 변혁의 기회로 삼고 맞부딪쳐 해결하려는 사람은 그다지 많지 않다.

그래서 평범하고 아무런 파란 없이 살기를 바라거나 성공한 사람을 시기하면서 불쌍한 인생을 보내게 된다. 이러한 사람들은 자신의 실패와 결점에만 마음을 쓴다. 조금이라도 잘못된 일이 생기면, '이것은 자신의 잘못이다'라는 자기 비하의 버릇을 가지고 있다. 그래서 결국 일을 나쁜 쪽으로 자꾸만 몰고 가게 된다.

자기 자신의 목표와 목적을 분명하게 세우지 못하는 사람은 세상의 가치기준을 곧이곧대로 받아들여서 거기에 얽매이게 된다. 그 결과, 자기의 목표는 처음부터 현실과 동떨어진 높은 곳에 설정하는 수가 많다.

목표를 높게 가지는 것이 나쁜 것이 아니지만, 높은 목표를 달성하기 위해서는 단계가 필요하다는 생각이 없는 것이다. 그리하여 실패를 되풀이하게 된다.

거듭되는 실패는 사람을 겁쟁이로 만든다. 자기는 무엇을 하든 실패만 하므로 영원히 목표에 도달하지 못할 것이라고 스스로 믿어버린다. 그리하여 얼마 뒤에는 노력하는 것조차 포기하고 체념하는 것이다.

매우 많은 사람들이 왜 잠재적인 능력을 지니고 있으면서도 영원히 그 능력을 발휘하지 못하고 일생을 끝마치는 것일까? 많은 사람이 성공할 기회를 몇 번이나 붙잡고도 일시적인 발전에 그치고 결국에는 성공을 놓치고 만다.

남의 주목이나 관심을 끌고 싶어서 큰 소리로 외치고, 남의 눈에 띄기 좋아하는 사람들이 있다. 그들은 실제로는 자부심이 없으면서 거기에서 벗어나려고 외치고 있다. 그렇게 큰 소리치는 것은, '나를 보아다오, 내가 여기 있다는 것을 잊지 말아달라'는 뜻이다.

존 델린저라는 사람은 농가에 침입하여, '내 이름은 존 델린저다. 당신들을 해칠 생각은 없다. 단지, 내 이름이 존 델린저라는 것을 알아주기를 원할 뿐이다.' 하고 소리 지르고 나왔다고 한다. 그는 이렇게라도 하지 않으면 그는 자기를 증명할 수 없었던 것이다.

정신병리 학자인 버나드 홀랜드 박사는 비행 청소년에 대하여 다음과 같이 말했다.

"그들은 언뜻 보기에 독립심이 매우 강한 것처럼 보이고 반항적이며 특히 부모나 교사, 그리고 경찰관이나 권력을 가진 사람을 싫어하는 경향이 있다. 그리고 빈번히 불만과 불평만 늘어놓는다.

그러나 과잉 방어라고 할 수 있는 그들의 두터운 껍질 밑에는 사실은 부드럽고 상처받기 쉬운 마음이 숨어 있었던 것이다. 사실 그들은 항상 누군가에게 의지하고 싶어하는 마음이 있었다."

비행으로 치닫는 청소년들은 자기가 소중하게 생각해 왔던 사람으로부터 마음의 상처를 받은 체험을 가진 경우가 적지 않다. 그리고 거듭 상처받는 것이 두려워서 두 번 다시 자기의 마음을 열려고 하지 않는다. 자신을 지키기 위하여 더 이상 거부당하거나 고통을 받는 것이 싫기 때문에 공격적으로 나온다. 그들은 아무도 믿을 수가 없으므로, 누구에게도 스스로 접근하려고 시도하지 않는다. 그들이 거부하고 반항하는 사람들 가운데에는 그들을 사랑하고 도와줄 사람이 있을는지도 모르지만, 그들은 그것을 믿지 않기 때문에 결과적으로 그러한 사람들로부터 멀어지게 되는 것이다. 당신은 창조의 최대 걸작품이다.

당신이 가난과 질병을 이기고 성공했다면, 다른 사람들에게 성공에서 무엇보다도 중요한 것은 끈기라고 말할 것이다.

당신은 비록 사우디 아라비아의 왕족은 아니지만 자신의 권리를 가진 특별한 존재이다.

만일 세상의 모든 어린이들이 살아있다는 것만으로도 자신들이 특별한 존재라고 느낀다면 이상할까?

당신이 가난과 질병을 이기고 성공했다면, 다른 사람들에게 성공에서 무엇보다도 중요한 것은 끈기라고 말할 것이다.

필자는 리더십이 공식적인 훈련이나 전문적인 교육을 통해서 얻어지는 것이 아님을 알고 있다. 그러나 배우는 방법으로 가장 효과적인 것은 다른 사람에게 직접 가르치는 것이다.

오늘날 우리는 나르시스적인 사회에 살고 있다. 그리고 개인주의적인 사회가 공동체적인 사회로 이완하고 있다. 이러한 과정은 참으로 고달프고 힘들다.

자기만족과 자기편견에 빠지기 쉬운 사상을 나르시즘이라고 한다. 그 말은 고대 그리스 신화에서 유래되었는데, 연못에 비친 자신의 모습을 보고 사랑에 빠진 나르시스의 이야기에서 나온 것이다.

오늘날 나르시즘은 어린이들의 옷에서부터 장난감을 비롯하여 젊음에 대한 지나친 강조, 그리고 육체적인 노출에서까지 번지고 있는 실정이다.

나르시즘과 자존심을 혼돈해서는 안 된다. 그것은 극과 극이다.

'존중한다' 는 말은 자신의 가치를 인정한다는 의미다.

인간에 있어서 존중받고 존중하는 것은 성공을 향한 시발점이며, 종점이다. 또한 이것은 성공을 위한 중요한 비결이기도 하다.

나르시스적인 자아만족은 쾌락적, 유물론적 자기숭배다. 그러나 자존심은 내적, 정신적 사랑에 근거를 두고 있다.

광활한 바다와 막막하게 펼쳐진 우주에 경이를 표하면서 자기 자신에 대해서는 비하하는 지를 알 수 없다. 동일한 창조주가 당신을 창조하였다. 당신은 생각할 줄 알고, 사랑할 줄 알며, 변화할 줄 아는 능력을 가진 아주 독특한 존재이다.

자기를 용납하는 것은 자존심의 중요한 요인이다. 그것은 당신은 가치가 있고, 변모하며, 완전해지려고 하며, 성장해가는 사람으로 인정하는 것이다.

당신은 창조의 걸작품이다.

02
자존심을 높이는 방법

● ● ● 사람들이 자기 자신을 어떻게 받아들이고 있는지 잘 알 수
있는 좋은 자료 가운데 하나는 남들의 칭찬을 받아들이는
태도이다.

자부심을 높일 수 있는 비결은 자신과 긍정적인 대화를 나누는 것
이다. 깨어있을 때마다 자기 자신은 물론 자신의 성과에 대하여 긍정
적인 생각을 불어넣어 주어야 한다. 경직되어 있는 자아가 훗날에 더
높고 드높은 기준에 순응할 수 있도록 조정해줘야 하기 때문이다.

최근 한 연구에서 무심결에 내뱉은 말과 생각이 신체 기능에 얼마
나 큰 영향을 미치는지 밝혀봤다. 생각으로 체온이 높아지거나 낮아
지고, 호르몬을 분비하며, 근육과 말단신경을 이완시키고, 혈관을 수
축시키거나 팽창시키고, 맥박을 낮추거나 높일 수 있다는 것이다. 이
것은 곧 우리가 자신에게 하는 말조차 가려서 해야 한다는 근거가 된
다. 이런 이유로 심리학을 아는 사람들은 말이나 행동에서 '자신을 비
하하는 말'은 좀처럼 하지 않는다.

하지만 이들과는 달리 곧장 이런 말의 덫에 갇히는 사람들이 있다.

184

"나는 할 수 없어."

"나는 얼간이야."

"내가 이런 사람이라면…"

"알았어요. 그런데 말이죠…"

심리학을 아는 사람은 다음과 같은 말을 건넨다.

"나는 할 수 있어."

"내가 기대하는 것은"

"다음에는 반드시 잘 해내고 말거야."

"기분이 점점 좋아지고 있어."

사람들이 자기 자신을 어떻게 받아들이고 있는지 잘 알 수 있는 좋은 자료 가운데 하나는 남들의 칭찬을 받아들이는 태도이다. 놀랍게도 자부심이 낮은 사람은 다른 사람이 그의 가치를 인정해줄 때조차도 자신을 깎아내리고 있다.

"일처리가 완벽한데요."

상사나 남이 이렇게 칭찬을 해주면 자부심이 낮은 사람은 이렇게 대꾸한다.

"뭘요, 운이 좋았을 뿐인데요."

자부심이 낮은 사람은 자신을 굴욕적으로 낮출 때 겸손의 가치가 높아진다고 착각하고 있는 것이다. 그리고 더욱 놀라운 사실은 사람들의 찬사를 대부분 부정적으로 받아들인다는 사실이다.

이와는 달리 심리학을 아는 사람들은 일상생활 속에서 "고맙습니다."라는 말로 찬사나 칭찬을 받아들인다. 희극 배우 밥 호프는 자기를 칭찬하면 언제나 "고맙습니다."라고 답했으며, 유명한 영화 감독인 프랭크 부어맨도 자기를 칭찬하면 "고맙습니다."라고 답했다.

자신에게 긍정적인 마음을 불어넣어 최고의 삶을 산 사람들은 거의가 높은 자부심을 지니고 있었다.

분야를 막론하고 최고의 자리에 오른 사람들은 예외없이 자신을 특별한 존재로 받아들이고, 자신의 모습 그대로 인정하며, 더불어 다른 사람들 앞에서 자신을 숨김없이 드러냈다. 흥미로운 것은 이들은 언제나 사람들의 관심과 지원을 받았다는 사실이다. 그들은 심리학을 알아서 사람들의 마음을 제대로 알고 인도했기 때문이다.

03 자존심은 성공의 기반을 만든다

●●● 모든 개인이나 기업은 행운 또는 악운의 주기에 말려들 수
있다. 이때 일어서느냐 주저앉느냐는 대개 자신감에 달려있
다.

사람이란 일이 잘 되면 앞으로도 마냥 잘 될 것 같고, 무슨 일을 해
도 성공할 것 같다. 이럴 때 기업들은 혁신적인 전망을 제시한다. 투
자유치도 한결 쉬워진다.

그러나 일이 한 번 안 되기 시작하면 모든 것이 안 풀릴 것 같고 기
분이 처진다. 장기 침체된 경기가 회복되기 어렵고, 스포츠 팀이나 회
사 등이 아무리 발버둥쳐도 계속된 슬럼프에서 헤어나지 못하는 것도
그 때문이다.

모든 개인이나 기업은 행운 또는 악운의 주기에 말려들 수 있다. 이
때 일어서느냐 주저앉느냐는 대개 자신감에 달려있다.

자신감은 기대치와 수행결과, 투자의 성과를 잇는 연결고리다.

자신감은 다양한 상황에서 전망을 제시해 주는 아주 익숙한 단어
이다. 선수들의 자신감, 지도자에 대한 국민의 신뢰 등의 표현에 잘 녹

아 있는 말이다.

상승기로에 있을 때 성공은 긍정적 추진력을 만든다. 이길 것이라고 믿는 사람은 어려운 순간에도 확실히 성공하기 위해 남들보다 몇 배 노력한다.

반대로 하락세일 때는 실패확률이 점점 더 높아진다. 따라서 무슨 일이든지 일단 긍정적 또는 부정적 방향으로 치닫기 시작하면 그 추진력은 멈추기가 힘들다. 성장기에는 낙관론을 낳고, 퇴보기에는 비관론을 낳는다. 이러한 경향을 알고 있으면 고질적인 문제로 흔들리는 사업체도 회복가능성을 예측할 수 있다.

한편 패자들은 항상 패배할 운명인 듯 보인다. 아무도 패자를 믿어주지 않고 그들에게 투자하지 않으며, 아무도 패자들의 회복을 돕지 않기 때문이다. 부자가 점점 부유해지고, 가난한 자가 점점 더 가난해지는 이유도 그것 때문이다.

승리와 실패의 패턴은 사업에서나 스포츠에서 쉽게 볼 수 있다.

패턴이 생기면 연승과 연패의 운은 스스로 추진력을 더해 가며, 승리 혹은 패배의 확률을 더 높인다.

승리가 만들어내는 긍정적 기운은 주변의 모든 요소를 지배한다. 긍정적인 집단행동을 부추겨 다음 번의 승리 가능성을 높이는 후광효과만 봐도 그렇다.

승리는 최고 자질을 갖춘 선수나 충성스러운 팬 군단 등 승리를 반복할 수 있게 재투자할 수 있는 자원을 더 쉽게 끌어들인다. 반면에 실패는 이러한 것들을 쫓아버린다. 연패한 팀은 단합하기가 힘들고, 새

인재 영입이 더 힘들며, 추월당하기 쉽다.

한 마디로 자신감은 연승 중에 더욱 굳어지며, 승리의 전통을 만든다. 자신감은 연패 중에는 부식되어 패배의 늪에서 탈출할 수 없게 만든다.

04
자존심은 자신의 가치를 존중한다

● ● ● 말의 위력을 과소평가해서는 안 된다. 우리가 하는 말을 통
해서 우리의 삶이 만들어지고 있는 것이다.

심리학을 아는 리더는 자신의 가능성을 믿고 그것을 자신 있게 나
타낸다.

세계 최대 손해보험회사인 에이온 그룹 회장인 클레멘트 스톤은 매
일 아침 직원들에게 이렇게 말한다.

"나는 오늘 기분이 좋다! 나는 오늘 건강하다! 나는 오늘 멋지다."

클레멘트스톤은 매일 아침 확신에 찬 이 세 문장의 말로 수십 만명
의 영업사원들에게 자신감을 불어넣어 회사를 대그룹으로 만들었다.

한 사람의 자신감이 넘치고 확신에 찬 말 한 마디가 수 많은 사람
들에게 자신감을 심어주어 행복하게 만든다.

말의 위력을 과소평가해서는 안 된다. 우리가 하는 말을 통해서 우
리의 삶이 만들어지고 있는 것이다. 우리에게 다가오는 시련이나 실
패는 성공으로 가는 고속도로이다. 실패가 없는 성공은 없다. 말 속에

는 악착같이 끈질긴 노력에 의해 후원 받는 엄청난 창조력이 숨어 있다.

성공한 사람들 중에 어릴 적 매우 소심한 성격의 소유자가 많다. 그들은 심리적 훈련을 통해 용기를 얻고 성공을 만들었다. 우리의 삶이 자연스럽게 성공으로 향하는 것은 아니다.

현재의 처지에 굴하지 않고 그보다도 훨씬 나은 그 무엇이 자기 안에 숨어 있다고 굳게 믿는 사람들이 성취력이 더 높다.

심리학을 아는 사람은 자아 이미지부터 바꾸었다. 그들은 자신감을 갖고 새로운 삶을 살아갔다. 헌 옷에 새 조각을 덧대지 않았다. 과거를 떨쳐버리고 새롭게 시작했다.

자신감과 비전은 모든 변화에 근본적인 역할을 한다. 노력에 의해서 꿈이 꿈으로 끝난 것이 아니라 현실이 되는 것이다. 자신이 이루고 싶은 것을 명확하게 알아야 한다.

작은 생각만큼 성취를 제한하는 것은 없다. 자유로운 생각만큼 가능성을 확장하는 것은 없다. 따라서 자신감을 갖고 보다 넓은 사고를 해야 한다.

자존심 확립을 위한 10단계

1. 항상 당신이 만나는 사람에게 인사를 하라.
어떤 모임에서나 새로운 사람을 만나면 당신의 이름부터 먼저 당당하게 말하라. 항상 당신이 먼저 손을 내밀고 악수를 청하라.

2. 직장에서 가정에서 당신에게 전화가 오면 먼저 유쾌한 목소리로 당신의 이름을 말하라. 당신의 이름을 먼저 대는 것은 당신이 중요한 인물임을 나타내는 표시이다.

3. 당신이 자동차를 몰고 갈 때 항상 영감을 주는 프로그램이 들어 있는 카셋트 테이프를 틀고 들어라. 자동차는 움직이는 대학이다.

4. 지식을 넓히는 일에 투자하는 것에 인색하지 마라. 개인적인 발전이나 자기계발 세미나 강의를 자주 참석하라.

5. 어떤 이유로든 누구로부터 칭찬을 들었을 때는 항상 "감사합니다."라고 답례를 하라. 칭찬을 받아들이는 능력이야말로 견고한 자존심을 가진 보편적인 태도이다.

6.자랑하지 마라. 자신의 공로를 떠벌리고 다니는 사람은 실제 남에게 도움을 주지 못하는 사람이다.

7.당신의 문제들과 관련이 없는 사람에게 당신의 문제를 말하지 마라. 성공하는 사람은 성공자를 찾으며, 성공한 것처럼 행동한다.

8.당신이 본받을 수 있는 역할 모델을 찾아라. 당신이 성공한 사람들을 만나게 되면 그들이 어떻게 성공하게 되었는가에 대해서 묻고 배워라.

9.당신이 실수를 하거나 조롱을 당하거나 거부당할 때 솔직히 인정하라. 그리고 실수를 교훈으로 받아들여라.

10.토요일에는 당신이 진정으로 하고 싶은 일을 찾아서 하라. 살아있음을 마음껏 누려라. 당신은 그럴 만한 가치가 있는 사람이다.

PART 5

인내심을 가져라

인내심을 갖는 방법

••• 사람들은 신념으로 기적을 나타내려고 한다. 그러나 기적은
행동하는 신념 속에 나타난다.

인내심을 갖기 위해서는 어떤 일을 할 때 자신이 옳다고 믿어야
한다.

필자가 만나보고 연구한 사람들 중에 성공한 사람들은 거의가 인
내심이 강했다는 것이다. 또한 그들은 우주의 질서와 약속을 믿음으
로써 그들과 확신과 참여 속에서 창조력, 상상력, 지혜를 키울 수 있
었다.

그들의 신념은 그들의 정신을 분열시키는 일이 없이 그들로 하여
금 변화의 흐름을 향해 나아가도록 하는 강한 조직체가 되었던 것이
다. 이렇게 유연성이 있는 그들은 그들의 특이한 적응력과 최악의 상
황에서조차 가장 밝은 면만 보는 습관이 형성된 것이다.

누구나 성공을 원한다. 그러나 대부분의 사람들은 성공을 꿈꾸면
서도 계획없이 나날을 보낸다. 누군가가 성공에 대해서 말하고 설명

하면 그들은 들으려고 하지 않는다. 그 이유는 무엇일까?

사람들은 신념으로 기적을 나타내려고 한다. 그러나 기적은 행동하는 신념 속에 나타난다.

성공의 여섯 번 째의 비결은 성공하는 사람들은 대부분이 하기 싫어하는 일을 기꺼이 한다는 점이다.

당신은 사람들이 기꺼워하지 않는 일은 하기 싫어한다는 소리를 들은 일이 있을 것이다.

읽고, 배우고, 일하려 하지 않는 사람은 인생이라는 게임에서 실질적인 패배자다. 그러나 능력이 없거나 환경적인 압박 때문에 배우고 익히기를 포기한다면 그들은 패배자가 아니다. 오히려 그들은 종점까지 도달하려고 사투를 벌이고 있는 사람이다.

인생의 참된 사람은 다른 어떤 사람과 같이 되기를 원하고, 그들처럼 돈이나 벌고, 시간을 낭비하면서 여행이나 하며, 세상의 부를 소유하고 싶어 하고 그리하여 마침내 인생의 게임에서 퇴직하는 사람들이다.

인생에서 태만과 좌절은 어떤 변명도 통하지 않는다. 특히 미국에서는 그렇다. 미국국민들은 미개발 국가의 사람들이 1년 동안 먹을 음식을 한 달만에 쓰레기 통에 버리고 있다.

이런 국가의 사람들은 어쩌면 실패의 가능성을 잉태하고 있는지도 모른다.

빈곤이나 차별, 무지 등은 어느 나라에서나 존재한다. 또한 기회, 결심, 정직, 공평 그리고 신념도 어느 나라 국민들도 가지고 있는 것이다.

성공을 원하면 필요한 것은 인내라는 비결임을 잊지 말아야 한다. 믿을 수 없는 뜻밖의 일이 생겨서 성공한 사람은 없다. 인내가 어떤 결과를 가져왔는지 한 번 알아보자.

맥도널드 햄버거의 비밀

● ● ● 인내는 교육으로도 대신할 수 없는 것이다. 세계는 교육받
은 낙오자로 가득 차있다. 인내와 결단만이 가장 중요한 것
이다.

어느 날 오후 필자는 아내와 함께 세계적으로 유명한 맥도널드 햄
버거 체인의 설립자 레이 크록 씨의 집에 초대를 받았다. 비록 30분
정도의 대화를 나누었지만 나는 맥도널드의 이면의 인간됨에 관해 많
은 것을 배웠다. 그가 말하는 두 가지 이유는 다음과 같은 것이었다.

첫 번째는 나의 할머니가 정원에서 일하시며 즐겨 들려주시던 말
이었다. 즉, '네가 푸른빛을 낼 수 있는 동안 너는 성장하고 있는 것
이다. 그러나 네가 익자마자 너는 부패하기 시작한다.'

두 번째 말은 내가 좋아하는 글이었다.

'세상에서 인내를 대신할 수 있는 것은 아무것도 없다. 재능으로도
대신할 수 없는 것이다. 재능을 가지고도 성공하지 못한 개인들보다
더 평범한 것은 아무것도 없다. 공정하지 않은 천재는 하나의 이야기
거리에 지나지 않는다. 인내는 교육으로도 대신할 수 없는 것이다. 세

계는 교육받은 낙오자로 가득 차있다. 인내와 결단만이 가장 중요한 것이다.'

그것은 내가 인내야말로 성공의 중요한 비결이라고 믿는 이유이다. 누구나 성공을 원하지만 기꺼이 노력하는 사람은 적다. 대가를 지불하며 요구되어지는 것을 하려는 사람은 거의 없다.

여기에 내 자작시 한 편을 소개한다. 이것은 나의 교훈과 같은 것이었다.

● 할 수 있다고 생각한다면 당신은 할 수 있다

당신은 완전한 승리자가 될 수 있다.
비록 시작에 불과한 일일지라도
당신이 할 수 있다고 생각한다면
당신은 할 수 있다.
당신이 할 수 있다고 생각한다면 할 수 있는 것이다.
당신의 재능이나 태생 때문이 아니다.
지출을 결정하는 것은 당신의 은행수표책이 아니다.
당신의 피부색도 아니다.
당신을 성공케 하는 것은 당신의 태도이다.
당신이 할 수 있다고 생각한다면
당신은 할 수 있다.

당신이 할 수 있다고 생각한다면 할 수 있는 것이다.

당신은 인플레에서도 이익을 얻을 수 있다.

당신은 이민족의 지도자가 될 수 있다.

당신이 할 수 있다고 생각한다면

당신은 할 수 있다.

당신이 할 수 있다고 생각한다면 할 수 있는 것이다.

당신의 과거의 승리는 문제되지 않는다.

반쯤 얻은 승리는 중요치 않다.

궁극적인 것은 결코 끝이 없다.

그러므로 계속 노력하라.

그러면 당신이 성공했음을 알게 될 것이다.

당신의 꿈을 붙잡고 그것을 믿으라.

나가서 일하라. 그러면 성취하리라.

당신이 할 수 있다고 생각한다면

당신은 할 수 있다.

당신이 할 수 있다고 생각한다면 할 수 있는 것이다.

당신이 할 수 있다고 생각하는 것이 첫 번째 단계이다. 장애물을 극복하기 위해서는 몇 주, 몇 달, 몇 해를 인내하는 것이 필수적이다.

03
너무 늦어서 할 수 있는 것은 결코 없다

● ● ● 인내란 영원히 항상 같은 일을 고수하는 것을 의미하지 않
　　　 는다. 그것은 당신이 무엇을 하든지 완전히 집중하여 노력
　　　 하는 것을 말한다.

　　맥도널드의 레이 로크는 자신의 이상을 결코 포기하지 않은 사람
의 모범적인 실례이다. 그는 52세까지도 그의 진로를 찾지 못했었다.
그는 동시에 많은 밀크 쉐이크를 혼합시킬 수 있는 기계에 깊은 관심
을 가졌다.

　　맥도널드 형제가 8개의 커다란 믹서에서 동시에 40개의 밀크 쉐이
크를 생산한다는 말을 듣고 그는 조사해 보기 위해 샌프란시스코로 갔
다. 햄버거, 프렌치 후라이, 밀크 쉐이크의 우수한 일관 작업적 생산
을 관찰한 후, 그것을 그 지역에서만 판매하는 것을 의미있게 생각했
다.

　　그래서 그는 맥도널드 형제들에게 물었다.

　　'왜 이같은 식당을 다른 곳에 개설하지 않는가?'

　　그들은 많은 문제가 있을 것이며 그런 식당을 차린 사람도 알고 있

지 않다며 그의 의견에 반대했다. 레이 로크는 이것을 마음에 둔 사람이었다.

맥도널드의 이야기에서 가장 중요한 메시지는 레이 로크가 세일즈맨으로서 그의 임무를 감당하면서 52세가 될 때까지 그의 새로운 사업을 시작하지 않았지만 22년 만에 맥도널드를 10억달러의 사업이 되게 할 수 있었다. IBM이 내국세수입 10억달러에 도달하려면 46년이 걸리고 제록스는 63년이 걸리는 것이다.

인내란 영원히 항상 같은 일을 고수하는 것을 의미하지 않는다. 그것은 당신이 무엇을 하든지 완전히 집중하여 노력하는 것을 말한다. 그것은 고된 일을 먼저 하며 흐름에 따라 만족과 보답을 찾는 것을 의미한다. 그리고 행복하게 일하며 지식과 발전을 더욱더 열망하는 것을 뜻하는 것이다.

인내는 더 많이 진화하고 더 많이 걷고 더 많은 잡초를 뽑아내고 더 일찍 일어나며 당신이 하고 있는 것에 최선을 다하는 것이다.

인내는 시련과 실수를 통해 이루어진다. 만일 종이컵 세일즈맨과 피아노 연주자가 세계적인 식품회사를 설립할 수 있고 테네시의 한 작은 소녀가 그녀의 다리 버팀목을 떼어내고 세계에서 가장 빠른 여성으로서 세 개의 금메달을 딸 수 있었다면, 당신도 역시 당신의 꿈을 실현시킬 수 있다. 그 비결은 인내라 확신할 수 있다.

앞으로 나아가라! 결코 당신의 꿈을 포기하지 마라!

인내를 향한 10가지 행동 단계

1.가장 중요한 일을 먼저 하라.

대부분의 사람들이 덜 중요한 일로 분주하게 지내는 것은 그것이 하기 쉽고, 부가적인 지식도, 기술도 요하지 않기 때문이다.

지금 곧 해야 하고, 반드시 지금 하지 않으면 안 될 일의 순서를 정한 다음 그것부터 먼저 하라.

2.당신의 시간과 에너지를 과거에 당신에게 가장 생산적으로 나타난 행동이나 교제에 20%만 활용하라.

3.당신이 하고 있는 일에 변화를 줄 때마다 일시적으로 조금이라도 퇴보가 된다는 것을 예상하라. 삶의 방식에서 변화를 주었을 때 곧 그 결과가 나타나지 않는다고 실망하지 마라. 변화가 인정되기 위해서는 시간을 요한다. 다시 익숙해지고 적응이 생긴 후부터 생산력이 증가할 것이다.

4.만일 당신이 처음 실패했더라도 다시 시도하라, 만일 두 번 또 실패했을 때는 왜 실패했는지 그 이유를 생각하고 더 많은 정보를 얻으라. 그러나 세 번째도 실패하면 당신이 목표를 너무 높이 설정했는지

도 모른다. 한 단계 낮출 필요가 있다.

5.같은 목표를 가진 사람들과 정규적으로 교제를 하도록 하라. 대부분의 사람들은 같은 문제를 가진 사람끼리 교제한다. 같은 문제가 아니라 같은 목적과 이상을 가진 사람들끼리 교제해야 한다.

6.만일 당신의 문제로 곤란을 겪고 있다면 상황이나 주위 분위기를 바꾸어 보라.

7.항상 예상치 못한 일도 일어날 수 있음을 명심하라.

8.당신이 어떤 한 분야에 대해서 지식을 습득한 후에는 그것으로 그 분야에 집중하도록 하라. 그 분야에서 마스터하게 되면 우수하다는 칭찬과 신뢰를 얻을 것이다.

9.당신의 문제를 접근할 때에는 진지하고 이성적인 태도를 가져야 한다. 문제에는 두 가지 타입이 있다. 즉 해결하기 쉬운 문제와 긴급한 문제이다.

10.당신에게 요청되는 일보다 더 많은 노력을 하도록 하라.

PART 6

신념을 가져라

당신의 길을 가라

• • • 긍정적인 힘과 신념은 바라고 모이지 않는 것들에 대한 실
현의 약속이다. 그리고 부정적인 힘은 가장 깊은 두려움과
보이지 않는 어두움의 징조인 것이다.

신념을 이야기할 때 그 문제에 관해서 말한 위대한 사람들이나 그
들을 참조할 필요가 있다. 필자가 기억하고 있는, 신념에 대한 명언은
다음과 같은 말이다.

"당신이 믿는대로 그 길을 가라. 그래서 그것이 이루어지게 하라."

이 말에는 양면의 뜻이 있는데, 즉 신념은 모든 성공의 열쇠가 된
다는 뜻과 함께 신념은 또한 모든 사람들의 성공을 방해하는 것이 될
수 있다는 뜻이기도 하다.

그의 일생을 위대한 진리를 가르치는 데에 모두 바친 어니스트 홈
즈 박사는 신념에 대해서 다른 표현으로 이렇게 말했다.

"여기 모든 사람은 능력을 가지고 있다. 그러나 그것을 깨닫고 있
는 사람은 많지 않다. 이 능력을 다른 사람보다도 더 많이 소유하거나
더 큰 능력을 가진 사람도 없다. 살아 있는 사람은 누구나 다 그것을

가지고 있다. 그런데 우리가 그 능력을 갖고 있느냐가 문제가 아니고 그 능력을 어떻게 사용하느냐가 문제이다."

긍정적인 힘과 신념은 바라고 모이지 않는 것들에 대한 실현의 약속이다. 그리고 부정적인 힘은 가장 깊은 두려움과 보이지 않는 어두움의 징조인 것이다. 신념이 없다거나 부족하다는 말은 의미가 없다. 단지 그 반대 방향으로 나아갈 뿐이다.

02 인생은 자신이 예언하는대로 성취된다

••• 생각의 결과가 마음으로 인해 육체에 명백한 반응이 일어나
는 것이 그 중의 하나이다.

여러 시대를 통해 우리는 자기 성취에 대해서 예언한대로 된다는
사실에 관해서 쓴 많은 글들을 보았다. 유명한 심리학자인 S.하야가
와는 자기 성취예언은 진실도 거짓도 아니며, 믿어질 때 실현될 수 있
는 것이라고 말했다.

창조성에 대해 설명하면서 필자는 우리 마음은 사실과 상상하는 것
과를 구별하지 못한다고 말한 바 있다. 그것은 믿음과 신념이 매우 중
요하다는 것을 증명하는 말이다.

따라서 성공의 또 하나의 원리는 인생은 자기 성취의 결정체라는
사실을 믿는 것이다.

따라서 당신이 삶속에서 간절히 원하는 것을 지금 당장 얻을 수 없
을지라도 언젠가는 반드시 구해진다.

과학은 지난 10년 동안 두뇌에 대한 연구에서 종교와 과학이 매우

밀접한 부분이 있는 것을 발견했다. 우리 마음과 육체와 복잡한 관계가 있음을 깨닫게 된 것이다.

생각의 결과가 마음으로 인해 육체에 명백한 반응이 일어나는 것이 그 중의 하나이다. 마음 속에 품고 있는 것은 언젠가는 육체적인 행동으로 나타나게 되는 것이다.

예를 들어서 우리가 지나치게 걱정을 하거나 염려를 하게 되면, 우리는 고통을 느끼게 된다. 이 고통은 우리 신체 속에서 내분비선 조직을 움직여 호르몬과 항체에 변화를 주게 된다. 몸 속에 있는 면역성도 빨라지고 저항력도 저하된다. 그러면 외부의 박테리아나 바이러스 등 환경적 재해로부터 더 많은 공격을 당하게 된다. 마필린 벨구손은 그의 저서 〈신체내의 일치〉에서 두뇌가 신체 내의 모든 기관에 주도적인 영향을 미치고 있는 것에 대해서 설명하였다.

그녀는 그의 저서에서 "두뇌의 장치는 정보조직에 의해서 연결되며, 그것은 신경과민적인 반응에도 적응할 수 있도록 복잡하게 구성되어 있다."고 말했다.

만약 종양이 몸의 어느 부분에 나타나면 그 종양이 그 사람의 몸을 괴롭히는 것보다 그 사람의 마음을 더 괴롭힌다. 일부 병 중에서 특히 천식은 정신과 신체와의 상관관계에서 일어나는 것으로 알려져 있으며, 따라서 외부적인 바이러스나 병균의 침입에 의해서보다 부모의 과보호나 지나친 억압과 더 많은 관계가 있다는 것이다.

벨구손은 그의 저서에서 우리가 누구에게 목에 고통을 준다고 생각하면 실제로 우리 자신의 목에 고통을 느낀다고 말하였다.

지나치게 감성이 강하거나 고독감은 실패로 이끈다. 종양이나 일부 암의 종류와는 억제된 감정과 밀접한 관계가 있는 것으로 나타났다. 또 지나치게 엄격한 성격은 관절염과도 밀접한 관계가 있는 것으로 알려져 있다. 당신의 건강에 이상이 있다면 일상생활의 자세나 생각과 어떤 관계가 있는지도 모른다.

03
사랑은 독립과 자존심을 요구한다

• • • 그들은 진실과 사랑의 관계를 발견하기 원하지만 사랑은 독
립과 자존심을 요구하는 것이다.

우리는 우리 사회의 많은 사람들이 그들의 청년기에 나타냈었던 똑같은 감정적인 수준으로 살아가고 있음을 지적했다. 오늘날 미국에서 어떤 일이 일어나는가를 이해하기 위하여 우리는 우리의 청소년들이 과도하게 부모의 도움에 의존하고 있다는 것을 깨달을 필요가 있다.

우리들은 자녀들을 개방된 경쟁사회 속에서 공헌시키기보다는 보다 많은 물질과 보수를 제공하는 특혜받은 사회를 만들고 있다. 오늘날 성장하는 청소년들은 그들의 부모와 메디아를 통해 '고통은 받아들일 수 없는 것'이며 '스트레스는 60초' 안에 치유되어질 수 있고, 초기의 도전과 방해는 극복하기 힘든 것이라고 믿도록 인도되어졌다.

그들은 진실과 사랑의 관계를 발견하기 원하지만 사랑은 독립과 자존심을 요구하는 것이다. 그래서 결과적으로 정직하고 밀접한 의사소

통 속에서 요구되는 희생과 책무로부터 도피하게 된다. 그들에게는 단지 임신과 성병의 위험이 따르는 난잡한 성생활과 감정적인 노력 없이 고도의 흥분을 얻는 약물남용이 도피 수단이 된다.

오늘 계절에 상관없이 당신이 이 책을 읽고 있는 곳에 눈이 내리고 있다. 미국 전역에 눈이 내리고 있다. 그 눈의 이름은 코카인이다.

그것은 우리에게 민족적으로 새롭게 번지고 있는 즉흥적 만족을 추구하는 상태를 상징해 준다. 줄잡아 정기적으로 코카인을 사용하는 사람들이 이 나라에 천 만 명이고 적어도 오백 만 명은 호기심에서 일시적으로 그것을 사용하고 있다. 그 약의 사용은 지난 10년 동안 두 배 이상으로 증가되었으며 줄어드는 기색이 없다. 그것은 마치 길고 춥고 눈덮인 겨울처럼 보인다.

우리는 틴에이저들과 청년들 또는 슬럼가의 현상을 묘사하고 있는 것이 아니다. 그것은 당신과 나의 주변에서 상하층의 미국 사회에서, 그리고 나이의 많고 적음을 불문하고 일어나고 있다. 코카인 옹호자들은 그것은 모두에게 가장 좋은 것이라고 말한다. 그것은 한 번의 복용으로 30분이나 그 이상 기분을 고조시켜 주고 암의 고통이나 월요일 아침의 부담감을 없애주며 즐거움과 유희를 더해준다.

그렇지만 그것은 그렇게 작용하는 것만은 아니다. 당신과 우리가 알고 있는 바와 같이 인과응보의 법칙은 항상 효력을 발생한다.

UCLA의 정신약리학자인 로널드 세겔에 의하면, '코카인의 과도한 복용은 두뇌 속의 일종의 염증을 일으킨다.' 장기적인 복용으로 그 약은 좌절감, 불면증 그리고 정신 이상을 포함하는 잔존효과를 나타낼 수 있다.

습관적으로 냄새를 맡음으로써 그것은 또한 수술을 요하는 코벽을 꿰뚫는 궤양을 일으킬 수 있다. 고조된 상태에서 떨어지는 것은 또다른 코카인을 흡입하는 것만이 즉각적인 해결책이고 반복해서 복용함으로써 효력의 감퇴를 유발하게 되고 불행의 악순환이 시작된다.

나의 좋은 친구들인 아트 링클레터와 지그 지글러와 함께, 나는 코카인 남용의 나쁜 점들에 대해 설교하고 강연하는 것이 그렇게 유효한 것이 아님을 알았다. 그것이 나쁘다는 소식이 퍼지면 퍼질수록 그 약은 더 많이 팔린다는 것을 우리는 발견한 것이다.

미국에서 무엇이 잘못되었는가에 관해 시끄럽게 떠들어대고 설교하며 그 문제를 중요하게 다룸으로써 우리는 더러운 일이 행해진다고 생각하고 있다.

결국 약을 복용하고 있는 사람들은 그들의 삶 속에서 들려오는 나쁜 소식들로부터 피하려 하고 있다. 우리는 그들에게 종합적으로 좋은 때를 명백하게 선택하여 교육할 필요가 있다. 틀림없이 청소년들이나 틴에이저들이 멋진 기분과 실제적인 기쁨을 위해 그들이 잔을 기울이면서 약에 대해 설교하는 구세대 사람들의 말을 들으려 하는 사람은 아무도 없을 것이다.

왕성한 원기를 가지려면

● ● ● 사람들이 왜 당신은 그렇게 낙관주의자냐고 물으면 나는 이
렇게 대답한다. '나는 엔돌핀을 몸에 지니고 있기 때문입니
다.

최근의 나는 진정한 신앙인이 되었다. 그것은 종교적 신앙에 있어
서의 신앙인임을 의미하는 것은 아니다. 나는 거의 20년 전 10,000피
트 상공 민간 비행기의 승객실에서 루이스 에반스와 함께 여행하면서
그러한 종교적 신앙을 받아들였다. 그는 그 당시 라졸라 장로교회의
목사였다. 그렇지만 최근에 나는 더욱 더 신앙의 능력과 그것이 할 수
있는 것을 진실로 믿게 되었다.

1970년대 중반기 동안 나는 마음이 육체에 어떤 영향을 주며 우리
의 사고가 우리에게 어떻게 건강이나 병을 가져올 수 있는가에 대해
배우기 시작했다. 나는 플로리다 사라소타에 있으면서 고등교육을 위
한 국제협회에서 회장으로 봉사하고 있었다. 그 곳은 예방약과 건강
에 대한 전체적 접근을 연구하는 유명한 건강 과학자들로 형성된 비
영리 집단이다.

그 협회는 피츠버그 대학, 네브라스카 대학, 존스홉킨스 대학, 하버드 대학, 그리고 다른 의과대학과 협력하여 계속적인 의학교육 세미나를 후원하고 있었다.

이들 세미나 참석자들 가운데 어떤 사람은 어딕션 연구협회의 회장인 아브람 골드사타인 박사의 연구를 기록했다. 골드사타인 박사와 그의 연구진은 우리 두뇌 속에는 모르핀이나 헤로인과 같은 어떤 물질이 들어있음을 발견했다. 1971년 그들은 두뇌 속에서 이들 알려지지 않은 물질들만이 열쇠처럼 꼭 들어맞는 '자물쇠'와 같이 움직이는 섭수체의 위치를 발견했다.

독립적으로 그들 각자의 실험실에서 일하고 있는 다른 연구자들과 함께 골드스타인은 우리의 두뇌는 자연적 호르몬 속에 이들 '열쇠'가 포함되어 있다는 것을 발견했다. 어떤 섭수체들은 인케팔린, 엔돌핀, 베타 엔돌핀, 다이놀핀과 같은 호르몬을 포함하고 있다는 것이 판명되었다. 이들 모든 호르몬들은 모르핀보다도 더 강력하게 고통을 없어주는 기능을 하고 있다. 베타 엔돌핀은 모르핀보다 50배나 더 강력하고 다이놀핀은 모르핀보다 190배나 더 효과가 있다.

과학자들은 이미 호르몬이 생물학적 과정에서 어떤 것을 통제하는데 중요한 역할을 담당하고 있다는 것을 알았다. 아들레날린은 어떤 위험에 직면하거나, 최고의 육체적 수행 요청에 대한 반응에 있어서 우리로 하여금 '싸우거나 도망' 가게 하는 호르몬이다.

인슐린은 우리의 피 속에 있는 당분의 양을 조절한다. 이제 뒤늦게 발견된 사실에 의해 우리는 모르핀과 같은 호르몬들은 우리의 몸속에서 고통을 막아 주며 '최고의 자연상태'를 유지시키기 위해 일하고 있다는 것을 알게 되었다.

내가 언젠가 일한 적이 있는 라욜라에 있는 살크협회의 로저 질레민은 엔돌핀 호르몬을 발견했는데 그 결과 호르몬에 대한 연구업적에 대해 의학 부문에서 노벨상을 받았다. 질레민에 의해 제공된 엔돌핀을 사용하는 어떤 실험에서 일본 연구가들은 이 호르몬의 소량을 암으로 고통받는 어떤 실험에서 일본 연구가들은 이 호르몬의 소량을 암으로 고통받는 14명의 남녀 환자들에게 주사했다. 그들은 한번 주사로 하루 내지 3일간 그들의 고통으로부터 해방감을 느꼈다.

또 다른 실험에서는 14명의 임신 부인들이 출산할 때 엔돌핀을 맞았다. 그들은 모두 즉시 그리고 계속적으로 고통에서 해방될 수 있었으며 정상 분만을 할 수 있었다고 보고했다.

1978년 캘리포니아 대학 연구팀은 엔돌핀에 대한 첫 발견을 확증해 주는 흥미로운 사례를 내놓았다. 당신은 '플라시보 효과'에 대해 잘 알고 있을 것이다(플라시보란 문자 그대로 '미안합니다'라는 뜻이다). 플라시보는 실험하려는 약과 함께 지원자들에게 주입되는 무력한 물질이다. 이 무력한 물질인 플라시보와 실험하려는 약의 반응에 있어 그 차이를 측정함으로써 그 약의 효과가 측정되는 것이다.

사랑니를 빼야했던 지원자들 가운데 피실험자가 된 몇 사람들은 그들의 고통을 덜기 위해 모르핀을 맞았다. 그리고 다른 사람들에게는 플라시보를 주입했다. 물론 이들은 자신들이 모르핀을 맞았다고 믿고 있는 것이다. 플라시보를 주입받은 사람들은 그들이 고통으로부터

218

해방감을 경험했다고 말했다. 그러나 엔돌핀 효과를 정지시키는 약을 그들에게 주입시켰을 때 그 고통은 즉시 돌아왔다.

이 실험은 알아야 할 중요한 무엇을 확증해 주었다. 플라시보가 주입된 후 자신들은 고통에서 해방되고 있다고 믿을 때 두뇌는 그 믿음을 현실화하기 위해 화학물질을 방출한다. 많은 경우에 있어 플라시보 효과도 믿음의 행위이다.

만일 우리의 생각이 아드레날린 분비선으로부터 아드레날린을 분비케 하여 56세 심장병 환자로 하여금 1,800파운드의 쇠파이프를 들어 올릴 수 있게 할 수 있다면 우리의 일상 생활 속에서 이 믿음을 사용하는 것과 이로 인해 행복을 영위할 수 있지 않겠는가?

사람들이 왜 당신은 그렇게 낙관주의자냐고 물으면 나는 이렇게 대답한다.

"나는 엔돌핀을 몸에 지니고 있기 때문입니다."

그러면 그들은 이해간다는 표정으로 고개를 끄덕이면서 대답한다.

"그럼, 그렇지. 우리는 당신이 무엇인가를 먹고 있다는 것을 알았다."

불치의 낙관주의자가 되라

••• 코진스는 부정적인 감정이 인간의 몸에 해로운 영향을 끼칠 수 있다는 것을 알고 그 반대로 적용되어야 한다고 생각했다

낙관주의는 믿음을 가진 사람에게는 치료할 수 없는 병이다. 낙관주의자들은 대부분의 병, 고민, 반작용, 정신착란 등은 치유될 수 있다고 믿는다. 낙관주의자들은 역시 예방책을 갖고 있다. 그들의 생각과 행동은 복지, 건강, 성공에 초점을 맞추고 있다.

만일 당신이 몇 년 전부터 베스트셀러인 〈병의 해부학〉이라는 책을 읽을 기회를 갖지 않았다면 그것을 읽을 것을 적극적으로 권한다. 이 책은 아주 희귀한 신체장애로 1964년 병원에 입원된 〈세터데이 리뷰〉지 편집자인 노먼 코진스가 쓴 책이다. 보통 사용되는 약으로 그의 상태를 호전시킬 수 없어 불치병이라고 단정했을 때 코진스는 병원에서 퇴원했다.

220

코진스는 부정적인 감정이 인간의 몸에 해로운 영향을 끼칠 수 있다는 것을 알고 그 반대로 적용되어야 한다고 생각했다. 그는 다시 건강하게 되는 것에 관해 곰곰이 생각하기로 결심했다.

　　그는 활동 영사기를 빌려 그 자신의 치료 계획을 썼다. 이 과정은 막스 형제의 활동사진과 옛 캔디드 카메라 필름 재 상영으로 구성되어졌다.

　　그는 그의 병 모든 국면을 연구했고 전문의의 도움으로 치료를 위해 그의 몸 안에서 무엇이 일어나고 있는지를 연구했다. 그는 그의 책에는 '10분간 배를 움켜쥐고 웃는 폭소는 적어도 두 시간의 단잠을 준다'고 말한다. 점차적으로 쇠약해 가는 것처럼 보였던 치명적인 병은 역전되어 코진스는 거의 완전히 회복되었다.

　　그의 승리에 대한 설명이 뉴잉글랜드 의학잡지에 실린 이후 세계 도처에서 유명한 의사로부터 3천 통 이상의 편지를 받았다. 서른 네 개의 의과대학은 그의 논문을 실었고 1978년 노먼 코진스는 우클라 메티칼 대학의 교수단에 입회했다.

06
운이 좋은 이유

••• 기회란 언제나 손에 넣을 수 있기 때문에 특별히 준비를 갖춘 사람들은 언제나 승리하고 그들의 목표에 도달하는 것처럼 보인다.

내가 개인적으로 알고 있는 사람 가운데 리 트레비노라는 사람이 있다. 나는 나의 모든 강의와 책에서 리 트레비노에 대해 덧붙이기를 잊지 않았는데 그의 말과 행동은 나에게 영감을 주었고 편안하게 해주었다.

그와 두 명의 다른 골퍼들이 골프를 하고 있을 때, 그는 땅 위에서 일어선 후 '오! 주님, 나는 나의 행동에 집중할 것입니다!' 라고 말하는 듯이 들렸다. 의사가 그에게 그의 독감이 점점 더 심해지고 있으니 운동을 해서는 안 된다고 말했을 때, 그는 '점점 좋아질 것입니다…… 그리고 이길 것입니다!' 라고 대답했다.

소년으로서 트레비노는 텍사스 샌 안토니오에서 캐디로 일하고 있었다. 그는 그때 그의 재정적 형편에 대해 재미있게 이야기했다. '내가 어렸을 때…… 어머니가 만일 개에게 고기뼈를 던져서 그 뼈에 고

기가 조금이라도 붙어 있었다면, 그 개는 고맙다고 했을 것입니다.'

그는 계속해서 '나는 가난한 멕시코인이었지만 이제 그들은 나를 부유한 스페인으로 생각하지요'라고 말을 이었다.

나는 앤디 윌리엄스 샌디에이고 오픈 골프 토너먼트의 4인조 프로와 아마추어 게임에 그와 함께 참가할 기회를 가졌다. 그것은 설크협회에 공헌할 유익한 기회였다. 트레비노는 칩과 풋하는데 자신만만해서 그와 캐디와 내기를 곧잘했다.

그와 그의 캐디는 초원을 걸어오면서 그는 흥정을 하곤 했다. '만일 내가 트랩에서부터 핀의 3피트 이내에 칩 숏을 못 한다면 나는 당신에게 천 달러를 줄 것이오. 그러나 만일 내가 숏을 한다면 남부지방의 여행권을 주어야 하오.' 그의 캐디는 '당신은 내가 미쳤을 줄 아시오? 그런 법이 어디 있소?'라고 믿을 수 없다는 듯이 대답했다.

캐나다의 게임에서 어떤 게임을 하려는가 라는 질문을 요청 받았을 때, 그는 빈정거리는 투로 말했다.

'당신은 나를 놀리는 거요? 그것은 나의 토너먼트요!'

그 해 트레비노의 서명을 받는데 필사적이었던 어떤 술취한 구경꾼이 물 속에 뛰어들어 연못을 가로질러 초원을 향해 수영하기 시작했다. 그가 수영할 수 있는 상태가 아니라는 것은 누구나 자명하게 생각되는 일이었다.

리 트레비노는 퍼팅을 중단하고 침착하게 물가로 걸어가 그 주정꾼을 끄집어내고는 물에 젖은 채 서명을 해주었다. 그리고 초원으로 돌아와 4년만에 그의 세 번째 캐나다 게임을 승리로 몰고 간 퍼트를 한 것이다.

어떤 사람은 트레비노가 운이 좋다고 생각한다. 그러나 우리는 잘 알고 있다. 행운이란 준비와 기회 사이에 놓여있는 것이다. 기회란 언제나 손에 넣을 수 있기 때문에 특별히 준비를 갖춘 사람들은 언제나 승리하고 그들의 목표에 도달하는 것처럼 보인다.

승자는 그들의 승리에 대해 운이 좋았다고 하는 반면, 준비하지 않은 사람들은 그들의 실패에 운이 나빴다고 합리화시킨다. 리 트레비노는 게임을 준비하는데 최선을 다한 '행운'을 가진 사람들 가운데 한 사람이다. 그는 내가 만났던 사람들 가운데 가장 불치의 낙관주의자였다.

신념을 향한 10가지 행동단계

1. 독수리같이 날아라

'하늘이 무너지고 있다' 고 하늘을 올려다보며 노래하는 현리 패니와 동류가 되지 마라. 낙관주의와 현실주의는 공존한다. 그것들은 문제를 푸는 쌍둥이이다. 염세주의와 냉소주의는 가장 나쁜 두 종류이다. 당신의 가장 좋은 친구들은 '문제없어, 그것은 일시적 불편일 뿐이야!' 라고 말할 수 있는 타입의 사람들이어야 한다.

당신이 일상적인 곤궁에 처한 사람을 도울 때, 문제나 필요를 함께 나눌 필요조차 없이 서로의 끌림만이 있는 내적으로 밀접한 관계를 발전시켜라. 서로간의 이끌림이 가장 중요한 것이 되고 목표가 되어야 한다.

2. 만일 당신이 실망에 처하게 되었다면 다음 4장소 중 어떤 한 곳을 방문하라. 그 곳은 아동 병원, 양로원 화재병동 또는 고아원이다.

당신 자신보다 더 비참한 사람들을 보는 것이 당신을 낙심케 한다면 명백한 해결방법을 취하라. 어린이들이 웃으며 놀고 있는 놀이터나 공원을 산책하라. 그들의 기분과 모험심을 붙잡으라. 당신의 사고를 다른 사람을 돕는 데로 향하게 하고 당신의 믿음을 새롭게 하라. 당신의 교회나 회당을 방문하라. 때때로 지역적인 변화가 당신의 생각과 감정을 변화시킬 수 있다.

3.은은하고 영감적인 음악을 들으라.

작업장이나 학교를 가려고 준비를 할 때 좋은 FM방송을 들어라. TV아침 뉴스를 보는 것은 피하라. 당신은 '월 스트리스티'의 앞 페이지에서 그 뉴스를 간단히 훑어볼 수 있다. 그것은 당신의 삶에 영향을 미치는 국내외적 상황에 대해 당신이 알 필요가 있는 모든 것을 알려줄 것이다.

당신의 직업과 가족에 관해 흥미 있는 지역 뉴스를 읽으라. 누군가의 비극에 대해 지저분하게 늘어놓은 것을 읽는 데 시간을 소비하려는 유혹을 거부하라. 당신이 차 안에서 음악이나 카세트테이프를 들으라. 가능하다면 낙관주의자들과 함께 아침과 점심식사를 하라. 밤에 TV 앞에 앉아 있는 대신, 당신이 좋아하는 것을 듣고 심취하며 시간을 보내라.

4.당신의 언어를 변화시켜라.

'나는 쉬고 있다'라고 하라. '왜 그들은 그것에 관해 어떤 일을 하지 않는가?' 대신, '나는 내가 하려는 것을 알고 있다'라고 고쳐라. 그룹에서 불평하는 대신 그 그룹에 있는 누군가를 칭찬하도록 하라. '주님, 왜 내가 그것을 해야 합니까?' 대신, '주님 내가 그것을 하게 해주십시오' 그리고 '세계는 엉망이다' 대신, '나는 나의 집을 정돈하고 있다' 라고 하라.

5.바닷가재를 기억하라.

바닷가재는 성장 과정 중 어떤 시점에서, 그는 그의 외적 보호껍질을 버리고 그의 모든 적에 대해 공격받기 쉬운 상태로 된다. 이것은 그가 살 새 집을 지을 때까지 계속된다. 변화란 삶 속에서 당연한 것이다. 모든 변화에는 낯설고 예기치 않은 것이 있다. 껍데기 속으로 들어가는 대신, 그것을 벗어 버려라. 모험하라! 보이지 않는 것들을 믿는 내적 신앙에 대해 도달하라.

6. 당신 자신을 원기왕성하게 하라.

'위험을 모면하니 안심이다' 라고 하는 대신, '믿음이 당신으로 그 길을 따르도록 도울 것이다' 라고 생각하라. 당신이 교제하는 사람들, 당신이 가는 곳, 당신이 듣고 보는 것들 모두가 당신의 생각 속에 기록된다. 마음은 육체가 어떻게 작용하는가를 분별하기 때문에 당신이 상상할 수 있는 가장 고상하고 가장 드높은 사고를 하도록 하라. 사람들이 당신에게 왜 당신은 그렇게 낙관적이냐고 물을 때, 그들에게 말하라. 당신에게 엔돌핀이 작용하며 원기왕성하다고!

7.긍정적인 재창조와 교육에 당신을 투자하라.

자연의 기이함, 가족의 건강 그리고 풍부한 문화적 유산들을 특별히 다룬 TV 프로그램을 시청하라. 영화나 텔레비전을 볼 때 그들의 상업적 호소에 따르기 보다는 그것의 질과 내용을 따라 선택하라.

8.당신의 건강에 대해 좋게 시각화하고 생각하며 말하라. 매일 긍정적인 자기 회화를 사용하라. 감기, 두통, 베인 상처, 타박상, 근육통, 삔 데, 그 외의 사소한 찰과상과 같은 당신 자신의 사소한 고통들에 머물지 마라. 만일 이러한 것들에 너무 많은 주의를 기울인다면 그것들은 더욱더 관심을 끌려하며 당신의 가장 좋은 친구가 되는 것으로 당신에게 보답할 것이다.

마음에 품고 있는 것이 육체에 나타난다. 이것은 특히 당신이 어린 아이들을 양육하고 있을 때에 중요한 것이다. 당신 집 주위의 일상적 환경으로서 건강한 가족에 초점을 맞추고 생각하라. 부모들이 약을 복용하거나 흡연을 하는 가정에서는 어린이들이 다른 형태의 가정보다 건강과 안정에 대해 부적당한 관심을 갖고 있으며 더욱 더 많은 정신 신체 상관적인 질병이 있음을 나는 보아왔다. 나는 안전한 예방과 견고한 의학 처방을 신뢰한다. 나는 또한 '당신의 최악' 의 일이 실현되리라는 것을 믿고 있다.

9.매일 당신의 삶 속에서 필요를 요청하는 사람들에게 전화하고 방문하며 편지를 쓰라. 누군가에게 그것을 전함으로 당신의 믿음을 증명하라.

10.일요일을 '좋은 신앙' 의 날로 정하든지 자기만의 시간을 갖는 습

관을 길러라. 10대 소년들과 청년들 사이에 만연되는 약물남용에 관한 가장 최근의 연구에 따르면, 어떤 약도 복용하지 않을 젊은이들의 삶 속에는 세 가지 초석이 되는 원칙이 있다고 한다. 그것은 종교적 신앙, 확대된 가족관계, 드높은 자존심이다.

PART 7

적응력을 키워라

혼란의 시대

••• 과학은 그 발견한 것을 너무나 빨리 사람들에게 주입하므로
사람들은 혼란 중에 희망을 잃고 과학의 갖가지 발견으로부
터 비틀거리고 있다.

오늘날은 혼란의 시대이다. 많은 사람들이 이러한 시대를 살면서
미래가 좀 더 밝은 전망으로 우리에게 좋은 시대를 만들어 주기를 바
라고 있다. 일반 사람들은 집값이 안정되고 경제가 안정되어 순탄하
고, 공기도 맑고 생활이 복잡하지 않았던 즐겁고 좋은 날로 되돌아가
기를 바라고 있다.

신문을 펴면 사설난에 다음과 같은 글을 볼 수 있다.

'우리들에게 세계는 너무나 크다. 움직임이 너무 많으며 범죄가 많
고 폭력과 자극이 지나치게 많다. 노력해도 의사에 반해 경쟁에서 뒤
지고 만다. 페이스를 유지하는 데는 부단한 긴장이 필요하며…… 그
래도 지고 만다.

과학은 그 발견한 것을 너무나 빨리 사람들에게 주입하므로 사람
들은 혼란 중에 희망을 잃고 과학의 갖가지 발견으로부터 비틀거리고

있다.

　정치 세계는 너무나 신속하게 뉴스가 바뀌어 등장한 인물, 퇴장한 사람을 쫓아가기만 해도 숨이 차다. 모든 일에서 압력이 높아지고 있다. 인류로서는 이 이상 견디기 어렵게 되었다.

　이 사설은 지난 주 또는 어젯밤 쓰인 것처럼 보이나 실제로는 160여 년 전인 옛날, 1833년 6월 16일에 '더 애틀랜틱 저널' 지에 실렸던 것이다. 그때야말로 '좋았던 옛 시절'이 아니었던가? 이런 일은 당신에게나 내게 어떤 의미를 가지고 있는 것일까? 이것을 토해 무엇을 배우고 있단 말인가? 나는 160년 전에 쓰인 간단하고 너덜너덜하게 된 이 사설이 성공의 열쇠를 한 가지 가르쳐 주고 있다고 믿고 있다.

오늘에 감사하고 기뻐하라

••• 아이들의 부모나 교사들과 친구는 세상 일이 점점 나빠지는
것 같은 불만을 말하고 있다

미국 어느 곳에서나 고등학교의 집회나 졸업식에서 학생들에게 이
야기할 때 나는 미국의 현황을 즐겨 이야기한다. 내일의 지도자가 될
운명에 놓인 젊은 세대는 우리가 녹아서 없어지려고 하는 것도 아니
고 폭발해서 없어지려고 하는 것도 아니라고 아무리 이야기해도 믿어
주지 않는다.

여러분이 1년동안 목격하는 변화는 우리 선조들이 평생동안 목격
한 모든 변화보다 많을 것이라고 이야기한다. 실제로 그다지 좋지 않
았던, 또는 좋았던 옛날에 대해 이야기하면 학생들의 눈은 휘둥그레
진다.

미국의 10대들에게 들려주는 좋았던 옛날이란, 제 1~2차 세계대전
과 한국전쟁 무렵이다. 말들이 콜레라 때문에 뉴욕거리에서 죽어간 19
세기에서 20세기로 넘어가는 대목을 이야기한다.

장작과 석탄을 때서 물을 데워 큰 가마솥에 들어가 목욕하던 지난 날에 대해 이야기한다. 그 좋은 시절에 우리는 먼저 들어간 사람이 쓰던 물에서 목욕했다. 아저씨를 따라가면, 운명이 인도하는 곳, 양돈 농가에 사는 옷깃 주위의 고리를 붙이는 대신 사람 주위에 고리를 달아 노예를 부리고 있었다.

나는 10대와 청년들에게 소아마비·디프테리아·성홍열이 유행했던 좋은 시절에 대해 이야기해준다. 그들은 소크(Jonas Salk : 소아마비 왁진의 발견자)의 이름조차 들은 적이 없는 것이다.

1940년대와 1950년대에는 소아마비에 걸려 마비되건, 발이 자유롭지 못하게 되거나 또는 연수 소아마비로 죽는 것이 무서워 무더운 여름 근처에는 근처 풀장이나 영화관에도 가지 못했던 이야기를 하면 내가 무슨 말을 하고 있는지 이해하지를 못한다. 이 사람들은 가솔린 할당시대에 매월 수 갤런의 가솔린을 사기 위해 차의 방풍 유리에 붙인 A, B, C의 스티커 얘기는 들어보지도 못한 것이다.

1857년 11월 13일자 〈보스턴 그로브〉지의 표제를 보이자 아이들은 의아해 하는 것 같았다. 표제에는 '에너지 위기의 조짐' 이라고 되었고 부표제는 '세계는 깜깜해지는가? 부족되는 고대 기름' 이라고 쓰여 있었다. 나는 아이들을 위해 그 잿빛, 11월의 차디찬 아침에 이 조간을 들고 표제를 훑어본 전형적인 미국인의 시나리오를 만들어주었다. 남편은 아마 아내에게 이렇게 외쳤을 것이다.

'여보, 조간 보았소? 최악의 에너지 위기가 덮쳐올 것 같은데.'

현대가 나쁜 일을 지나치게 강조하고 있다는 것을 아이들은 겨우 이해하기 시작했다. 아이들의 부모나 교사들과 친구는 세상 일이 점점 나빠지는 것 같은 불만을 말하고 있다. 아이들은 내게 핵에 대한 재해와 원자력 발전에 대해 질문했다. 나는 정직하게 말했다. 일본은 원자력 에너지에 크게 의존하고 있으며 소련은 전력이 60%가까이를 원자력 발전소에서 얻고 있다.

나 자신으로서는 보낼 위험도가 높은 핵분열보다는 레이저 융합에 기대를 걸고 있고, 나는 또 뉴스 캐스터인 허비가 에너지에 관한 앞으로의 전망에 대해서 한 말을 믿고 있다.

'전기를 사용한 첫 제품이 전기의자였다고 한다면 우리들은 포스터 스위치를 꼽는 일조차 두려워했을 것이다.'

역사를 돌이켜보면 언제나 최악의 경우와 최고의 경우를 찾아볼 수 있다. 그것은 우리가 무엇을 바라는가에 따라 결정되는 것이다.

'지금, 바로 현재야말로 좋은 나날이다' 라는 것이 열쇠인 주요 이유의 태반의 사람들이 이른바 현재의 문제 위에 살면서 과거의 좋았던 시절을 기억하고 있는 일이다. 또 이것을 가장 소중히 해야 할 열쇠가 되는 또 하나의 이유는 대부분의 사람들은 많은 문제라는 것이 결코 진귀한 것이 아니라는 일을 역사에서 배우지 못한 데 있다. 그러나 가장 중요한 이유는 많은 사람들이 자기들에게 생산성과 실적이 결여되어 있음에도 이를 정당화 하기 위해 현재의 상황은 차원이 다르게 두렵다고 강조하고 있는 일이다.

좋은 옛날이 바로 지금이다

••• 나는 청년을 위한 강의와 세미나에서는 반드시 내일의 지도
자들에게 좋은 옛날의 매일이란 바로 지금이다라고 말한다.

각 세대가 자기들의 세대야말로 역사상 가장 긴급을 요하는 곤란한 환경에서 생활하고 있다고 하면서 자기들의 입장을 한탄하고 있다. 광란의 세계에 대해 불평하고, 안 보면 그만이라는 식으로 외면한 채 실제로 팔을 걷어붙이고 문제와 부딪쳐 해결하려고 하지는 않는다. 자기들의 문제는 조상들 또는 정부의 책임이라고 비난하며, 또 새로운 미국인이라고 할 수 있는 기분전환, '에스케이프 코트(희생양)을 쫓을 수 있다. 에스케이프 코트란 여럿이 달리거나 숨거나 하여 '술래'가 되는 누군가를 찾으려는 게임이다.

나는 청년을 위한 강의와 세미나에서는 반드시 내일의 지도자들에게 좋은 옛날의 매일이란 바로 지금이다라고 말한다. 지금이야말로 우리가 살아가는 시대이기 때문이라고 말한다. 현재야말로 우리가 살아가는 유일한 시대인 것이다. 현재는 우리의 시대이다. 나는 젊은이들

에게 장밋빛 유리 이야기도 하지 않고 어두운 빛 유리 이야기를 하지 않는다. 폴리 애너(맹목적인 낙관론자) 이야기를 지나치게 하지 않는다.

현재 11세 또는 12세의 소년선수가 우리들의 아버지 대에 이룩한 올림픽 기록을 깨뜨리고 있다.

적응을 위한 10단계

1.당신의 유머감각을 시험해보라,

그것이 어떻게 적응했는지 측정해 보라. 그 유머가 농담이나 일화를 제공하는 것으로 끝났는지, 아니면 당신의 익살스런 면을 상대에게 보여주는 데에 일조를 했는가?

2.당신의 감정에 대해서 책임을 져라.

화를 낼 때는 언제나 감정의 주인은 자신임을 잊어서는 안 된다.

3.어느 누구를 힐책하거나 꾸짖을 때나 싸우고 싶은 충동이 들 때에는 자신이 먼저 불행하다는 감정 표현을 해야 한다.

4.논쟁에 승자는 없다. 논쟁만이 존재하는 것이다.

5.변화를 정상적인 것으로 받아들여라. 속도의 변화, 새로운 사상, 변화에 대한 적응을 위해 자신의 능력을 항상 조사하고 체크하라.

6. '전부가 아니면 아무 것도 없다.' 는 생각을 버려라. 일이 계획한대로 되지 않는다고 하여 실망하지 말고 좋은 여건을 만들었다는 데

에 만족하라.

7.다른 사람들로 하여금 자신의 행동에 대해서 책임감을 갖도록 하라. 주위에 있는 사람들이 부정적인 생각을 가져 그것으로 인해 자신도 비하하는 감정에 빠지지 않도록 주의하라.

8. '아니오' 라고 말할 때에도 '예' 라고 말할 때처럼 책임감이 있다는 것을 명심하라.
스트레스를 푸는 방법 중에 좋은 방법은 어떤 일을 시간에 맞게 성취하도록 시간을 따는 것이다.

9.자신의 삶을 단순화하라. 혼란과 비생산적인 행동은 피하라.

10. 자신에게 활력을 줄 수 있는 오락을 즐겨라.

PART 8

커뮤니케이션을 잘 해야 한다

01 대화의 기본 요소

••• "내가 다른 사람을 판단하거나 비판하기 전에 그 사람의 신
발을 신고 걸을 수 있는 지혜를 주소서."

오늘날 도서관이나 서점에는 효과적인 의사전달방법에 관한 서적
들이 수없이 많다.

효과적인 대화를 하기 위한 중요한 요소로 여러 가지가 있겠으나
필자는 '사랑과 공감'을 가장 중요한 요소로 꼽는다. 필자가 공감의
의미를 깨닫게 된 것은 에리조나 케어프리에서 열린 짐 뉴먼 박사의
세미나에서였다.

그 세미나에서 뉴먼 박사는 페이스 프로그램이란 것을 실행했는
데, 그 프로그램은 회사 간부들이나 결혼한 부부들이 부하들이나 파
트너에게 자기의식을 깨우쳐 주는 프로그램이었다.

짐 뉴먼은 4일간의 세미나에서 필자를 위시한 참석자들에게 심오
한 진리를 현실에 일어난 사건들과 상황을 예로 들면서 자세하게 설
명하여 깊은 인상을 남겼다.

뉴먼 교수가 말한 이야기 중에 하나를 소개하고자 한다.

어느 날 한 부인은 일곱 살 된 꼬마를 데리고 백화점에 쇼핑하러 갔다. 그 때가 마침 크리스마스 전이라 백화점에는 많은 선물들이 진열되어 있었고, 크리스마스 캐롤송이 울려나오고 있었다. 그 엄마는 5세 된 아이를 산타클로스 할아버지 인형이 있는 진열장에 데리고 가면 신기하게 생각하고 좋아할 것으로 생각하고 그곳으로 데리고 갔다. 그런데 진열장 앞에 선 꼬마는 좋아서 즐거워하기는커녕 울기만 하였다. 그래서 꼬마 엄마는 짜증이 나서 꼬마에게 말했다.

"왜 우니? 나는 즐거워할 줄 알았는데, 왜 그렇게 울기만 하니?

그렇게 말하면서 아이를 내려다 보니 아이의 신발 끈이 풀어져 있었다. 신발 끈이 풀어져서 그런 줄 알고 신발 끈을 매어주니 그때서야 울음을 그치었다

그 부인은 아이의 신발 끈을 매면서 아이의 위치에서 백화점 전경을 바라보게 되었다. 진열장에 진열되어 있는 인형은 보이지 않았고, 보이는 것이라곤 너무 높아서 제대로 보이지 않는 화랑과 난로 연통처럼 지대한 다리와 육중한 기둥뿐이었다.

이런 광경은 재미 있다기보다도 오히려 공포를 자아내는 광경이었다. 그녀는 아이를 집으로 데리고 가기로 하고 앞으로는 절대로 자기 입장에서 좋아보인다고 생각하는 것을 아이에게 권유하지 않기로 했다.

백화점을 나서면서 마네킹이 아닌 실제 산타클로스 할아버지에게

데리고 가는 것이 좋을 것이라는 생각을 했다. 그리하여 그 부인은 아이를 데리고 산타클로스 할아버지에게 데리고 갔다. 아이를 맞이한 산타클로스 할아버지는 아이를 반갑게 맞이하면서 무릎에 앉히고는 아이를 간지럽게 하면서 즐겁게 해주었다. 그때서야 그 부인은 아이를 위해 진정으로 해주는 것이 무엇인가를 깨달았다.

세미나에서 뉴먼 박사를 통해 이 꼬마 이야기를 들으면서 참석자들은 진정한 대화를 어떻게 해야 하는가를 깨닫게 되었다. 세미나가 끝날 무렵 필자를 위시하여 참석자들은 시욱스 인디언 기도가 적혀 있는 책을 보았다. 그 내용은 다음과 같다.

"내가 다른 사람을 판단하거나 비판하기 전에 그 사람의 신발을 신고 걸을 수 있는 지혜를 주소서."

02
공감은 커뮤니케이션의 열쇠이다

●●● 동정이나 어떤 사랑을 느끼는 것이 아니라 공감은 단지 상
　　대방의 입장이나 관점을 이해하려는 과정이다.

　　동 짐 뉴먼의 강의를 들은 후 필자는 커뮤니케이션에 있어서 무
엇보다도 중요한 것은 자신의 생각을 말하기 전에 '상대방의 신을 신
을 수 있는 지혜' 라는 결론을 내리고 그렇게 하도록 지금까지 노력해
오고 있다.

　　공감은 커뮤니케이션의 열쇠이다. 공감은 상대와 함께 느끼는 것
이다. 동정이나 어떤 사랑을 느끼는 것이 아니라 공감은 단지 상대방
의 입장이나 관점을 이해하려는 과정이다. 따라서 공감은 당신이 마
치 상대인 것처럼 생각하는 것이다.

　　공감은 20미터를 달리고 있는 마라톤 선수를 보면서 자신의 다리
가 아파오는 것을 느끼는 것과 같은 이치이다. 세미나가 끝났을 때 참
석자 모두들 마치 자신의 영역에서 챔피언이 된 것처럼 느끼면서 세
미나 장을 빠져나갔다. 그러나 필자는 달랐다.

필자는 희미한 불빛이 비치는 사막을 산책하면서 필자가 배우고 깨달은 것을 생각했다. 낯선 사람처럼 보이는 선인장 나무들은 모래 위에 무언의 그림자를 드러냈다. 그 선인장 사이를 어슬렁어슬렁 거리면서 문득 이렇게 선인장처럼 초연한 자세로 걷고 있는 필자의 모습을 가족들이나 친지들이 보지나 않을까 하는 생각이 들었다.

필자는 자신이 얼마나 남에게 공감하고 있는지 의심스러웠다. 그리하여 몇 가지 자문자답을 하면서 스스로 깨달았다.

'내가 나의 자식이라고 했을 때 나의 자식들이 나를 부모로 존경하겠는가?'

'나는 나 자신과 같은 인물과 결혼하고 싶겠는가?'

'나와 같은 경영인을 좋아하겠는가?'

필자는 솔직히 이런 질문에 모두 '예' 라는 대답을 할 수 없었다. 그러나 그 순간 필자는 다른 사람에게 공감하는 방법을 깨달았다. 그리하여 호텔에 돌아와서 방에 들어왔을 때 마음의 문을 열어놓고 필자에게 말하려고 하는 것에 귀를 기울였다.

03
상대의 정신에 동조한다

● ● ● 커뮤니케이션의 효과적인 방법은 모든 인간 존재가 유일무
이한 독특한 존재라는 것을 받아들이는 것이다.

공감을 실천하는 최선의 방법은 상대방의 욕구와 자신과의 차이
점에 대해서 민감하게 반응하는 것이다. 성공하는 사람들은 절대적인
관점에서가 아니라 상대적인 관점에서 생각한다.

공감의 시작은, 이 지구상에 있는 모든 사람들은 잠재력과 그 잠재
력을 실현할 권리를 가지고 있다고 생각하는 데서 출발한다. 그것은
피부나 이데올로기, 성, 재정상태, 그리고 지식의 여부가 가치의 척도
가 아니라고 이해하는 것이다.

커뮤니케이션의 효과적인 방법은 모든 인간 존재가 유일무이한 독
특한 존재라는 것을 받아들이는 것이다. 이 세상에는 똑같은 존재라
고는 한 사람도 없다. 쌍둥이도 같지 않다는 것을 알아야 한다.

인간은 지문과 발자국, 그리고 목소리에서도 다 다르다. 인간의 목
소리는 각자 다른 독특한 음파수를 갖고 있다는 데서 착안한 AT&T

247

회사는 전기를 이용하여 즉각적으로 사람의 목소리가 누구의 목소리인지 확인할 수 있는 '소리의 기록' 시스템을 개발하였다.

당신의 이름을 마이크를 통해 내면의 당신 목소리의 진동수를 컴퓨터에 기록한다. 이것은 잘못된 계산이나 신용카드의 분실을 막아준다. 아무리 훌륭한 성대묘사도 다른 사람의 목소리의 진동수를 흉내낼 수 없다.

인간은 서로 다른 진동수로 말한다. 당신은 가끔 '우리는 같은 정신 파장을 가졌다.'라고 하는 말을 들은 일이 있을 것이다. 인간은 여러 세기를 통해 서로 같은 정신 파장을 이루려고 노력해 왔다. 가정이나 사회, 그리고 직장생활에서 많은 불협화음이 생긴다.

모든 사람들은 서로 다른 귀로 들으며 서로 다른 눈을 통해서 사물을 보며, 서로 다른 정보를 통해서 인식한다. 당신이 어떤 결정을 내리는 것은 두뇌의 독특한 컴퓨터 판독 시스템에 의해서 결정되는 것이다.

공감은 서로 다른 눈을 통해서 똑같은 상황을 보고 있다는 것을 이해하는 것이다. 어떤 사람은 우울하고 황폐한 거리를 보고 있으며, 어떤 사람은 재개발 계획을 위한 이상적인 전경을, 또 어떤 사람은 자신의 문제에 눌려 아무 것도 보지 못할 것이다. 그러나 이 책을 읽고 있는 독자는 그 폐허 속에서 어떤 길을 발견하게 될 것이다.

당신의 눈으로가 아니라 상대의 눈으로, 상대의 세계를 보려고 애쓰는 것은 커뮤니케이션에 있어서 매우 중요하다. 이렇게 하기 위한 좋은 방법은 상대의 장점을 발견하는 것이다. 이때 상대의 생활방식이나 외모는 상관하지 말아야 한다. 상대의 장점을 발견함으로써 사랑을 전달하고 있는 것이다. 사랑은 우리 모두에게 가장 필요한 메시지다.

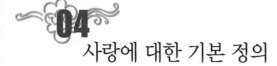

사랑에 대한 기본 정의

••• 사랑은 다른 사람에 대한 가치 부여하는 행위이며, 상대방
에 숨어 있는 '선'을 찾아내는 것이다.

발렌틴의 편지는 애정이 담긴 러브레터이다. 필자는 진정한 사랑
이 무엇인지 알게 하기 위하여 당신에게 발렌틴 편지를 보내고 싶다.

사랑의 기본 정의는 사람에 따라 다르겠지만, 필자는 '소중히 하는
것'이라고 생각한다. 그런데 '소중히 하는 것'의 품사는 명사가 아니
라 동사여야 한다. 사랑은 활동적인 감정이다. 그것은 정적인 것이 아
니다. 사랑은 그것을 내어 줌으로써 가장 잘 보존할 수 있는 몇 가지
방법 중의 하나이다. 사랑은 다른 사람에 대한 가치 부여하는 행위이
며, 상대방에 숨어 있는 '선'을 찾아내는 것이다.

L- 사랑은 귀를 기울이는 것(Listen)이다. 어느 누구를 사랑한다
는 것은 아무런 편견 없이 그의 가치와 필요에 무조건적으로 귀를 기
울이는 것이다.

O-사랑은 눈감아 주는 것이다. 어느 누구를 사랑한다는 것은 그의 장점을 찾기 위해 결점이나 오점을 덮어주는 것이다.

V-사랑은 목소리다.(Voice) 어느 누구를 사랑한다는 것은 그를 승인해 주는 목소리다. 정직한 격려와 칭찬, 그리고 적극적인 '손길'을 대신할 수 있는 것은 없다.

E- 사랑은 노력이다. 어느 누구를 사랑한다는 것은 사랑과 관심을 보여주기 위해 시간과 희생을 쏟는 계속적인 노력이다.

자기존중에 대해서 설명하면서 필자는 남을 사랑하기 전에 자기 자신을 먼저 사랑해야 한다고 말했다. 사랑한다는 것은 독립을 요청하며 의존적 필요에 의해서가 아니라 선택을 통해 다른 사람과 함께 나눌 수 있는 것에 기초이다.

진정한 사랑이란 각자 자립할 수 있는 사람에 의해서 이루어지는 관계이다. 오직 독립된 사람만이 사랑의 관계에 들어가느냐 그렇지 않느냐 하는 것을 선택할 수 있다. 의존적인 사람은 필요에 의해서 그러한 관계 속에 머무르게 된다.

오늘 날 사람들은 직접적인 만족을 얻으려는 욕망 때문에 의존적이고, 자기애적인 사회를 만들어서 자발적인 커뮤니케이션으로 자신들을 표현할 수 없게 되었다. 그들은 성행위의 기술은 발전시켰지만, 그러한 행위 속에서 자신들의 약점을 드러내기를 두려워한다. 성적 지식이 풍부해졌지만 성행위의 질이 향상된 것은 없다.

어떤 사람들은 밀접한 관계를 심화시키기 위하여 마약을 중간 매개물로 사용하는데, 이는 오히려 고통을 더하기까지 한다. 성관계는 만연한 반면 친근감은 오히려 멀어지는 것 같다.

05
말보다 가치 있는 행동을 하라

••• 접촉은 친밀감을 낳는 마술의 지팡이다. 사랑은 접촉 속에
간직되어 있다.

어느 남편도 마찬가지지만, 필자도 아내를 사랑한다. 필자는 아내
와 함께 생각하고 행동하는 것을 좋아한다. 그러나 필자는 아내에게
의존하지 않는다. 그녀 역시 나를 사랑한다. 필자는 아내가 자신의 평
안을 나에게 요구하지 않는다는 것을 알고 있다. 아내는 우리가 만나
기 전에도 독립적이었으며, 지금도 독립적이다. 우리는 모두 독립적
인격체로서 서로의 가치를 나누고 서로를 보호해준다.

필자는 아내와 함께 있으면 시간이 화살처럼 빨리 지나가고 우리
의 이런 순간들을 빼앗아가 버린다. 그런데 우리 부부가 서로 떨어져
있으면 시간은 마치 끝없는 사막을 지나가는 것처럼 지루하게 흐른다.

항상 아내는 희구한 꽃과도 같다. 그녀는 내가 돌봐주지 않고 붙들
어 주지도 않고 그냥 가버리면 시들어 버린다. 그러나 보호해주고 가
꾸어 주면 활짝 피어오른다.

필자는 아내를 스킨십하기를 좋아한다. 나의 자녀들에게도 그렇게

해준다.

필자는 자녀를 교육시키는 데 있어서 실패한 것이 있다. 그러나 사랑에 관해서는 실패했다고 생각하지 않는다.

필자는 사랑에 관한 그리나 사랑의 기술에 대한 서적을 많이 탐독하였다. 그러나 필자는 사랑의 효과적인 방법으로는 '수 천 마디의 말보다 가치있는 행동을 해주는 것' 이라고 생각한다.

필자가 지금까지 본 장면 중에서 가장 가슴이 뭉클했던 장면은 어느 부부가 금혼식을 맞아 남녀 축하객들이 "당신의 금혼식을 축하합니다."라고 노래를 부르는 순간, 서로 두 손을 탁자 위에 포개어 놓고 금혼식을 맞이하는 장면이었다.

돌보는 사람들을 접촉할 때 어떻게 하는 것이 효과적이라는 규정은 없다. 그러나 필자가 소개하는 방법을 소개하고자 한다.

–매일 아침 서로를 만족하게 해주는 말이나 행동으로 하루를 시작하는 것이다.
–하루의 일과가 끝나고 부부나 가족이 모였을 때 서로에게 짧은 인사를 하는 시간을 가져라.
–육체적 접촉만큼 가치를 분명하게 전달하는 것은 없다. 평소 당신의 촉감을 사용하라.

접촉은 친밀감을 낳는 마술의 지팡이다. 사랑은 접촉 속에 간직되어 있다.

06
듣는 시간을 가져라

• • • 대화의 결핍이나 능력은 가정환경의 결과로 유아시절부터
    형성되기 시작한다.

친밀, 접촉 그리고 커뮤니케이션은 시간을 요한다. 자녀들과 더불어 가질 수 있는 가장 중요한 시간은 그들이 잠들기 전의 시간이다. 정상적인 가정에서는 대부분의 활동이 저녁에 이루어진다. 예를 들어서 만찬, 숙제, 장부 정리 등이다.

미국 부모들이 그들의 자녀들과 함께 보내는 시간이 하루에 고작 7분이라니 참으로 놀라운 일이다. 어린이들은 그들 부모와 대화를 하는 시간보다 TV를 보는 시간이 더 많다. 자녀들과의 인간관계는 '겨우 7분'이라는 병에 걸려 있는 것이다.

자녀들이 부모에게 필요로 하지 않은 것은 더 많은 충고와 상담이었다. 우리 어른들은 그들의 세계를 경험하지 못했다. 아이들이 어렸을 때 필자나 어른들은 성이라는 목표를 달성하기 위해 바쁘게 보내었다. 진정한 성공이 무엇인지 알지도 못하면서 말이다.

255

필자는 또한 건성으로 그들에게 귀를 기울였다. 나 자신의 사업에만 몰두 했다. 여기에 모든 정력을 쏟았던 것이다. 어리석은 사람은 바로 나자신이었다. 그 후로 '나는 이런 자신에서 벗어날 수 있는가?' 하는 의문을 가지고 아이들과 함께 대화를 하는 시간을 가졌다.

아이들이 자신들의 세계에 있어서 그들을 흥분시키는 어떤 것을 말할 때나, 그들이 그들의 친구나 친구 부모님에 대해서 말할 때에는 언제든지 나는 그들의 말을 끝까지 귀를 기울이지 않았었다. 이것은 나 자신의 환상적인 경험으로는 그들을 능가할 수 없었기 때문이다.

아이들이 잘못을 했다고 말할 때에도 그저 "내가 뭐랬어?"하고 맞장구를 치는 정도였다. 그들은 자신의 약점을 인정했고, 부모는 그러는 아이들을 야단쳤다. 그런 부모들의 행동은 마침내 미래에 대한 아이들의 개방성을 막아버리는 결과가 되어버렸다.

어른들이 아이들과 대화하는 방식은 어른들의 성장과정을 통해서 터득한 것이다. 대화의 결핍이나 능력은 가정환경의 결과로 유아시절부터 형성되기 시작한다. 즉 부모들이 사랑으로 교육을 시켰느냐 아니면 자신들의 관심사에만 열중한 나머지 아이들을 돌보지 않았느냐에 달려 있다.

07 커뮤니케이션은 내부에서 외부로

••• 인간은 항상 새로운 교제와 새로운 친구들을 찾는다. 낯선
　　사람들과도 쉽게 대화를 할 수 있다. 대화를 할 때는 상대방
　　을 응시해야 한다.

　좋은 커뮤니케이션의 첫 단계는 깨끗한 용모이다. 이는 수천 권의
책 중에서 좋은 양서 한 권처럼 자신의 내적 가치를 충분한 것으로서
자신에게 중요한 사람들에게 주의를 끌도록 만든다.

　훌륭한 대화의 상대일수록 먼저 악수를 청하라. 이것은 상대에게
경의를 표하는 행동이기 때문이다. 그리고 굳은 악수 다음에는 온화
한 눈빛으로 상대에게 관심이 있다는 것을 보여주라. 그 다음에는 자
신의 이름을 먼저 말하면서 "안녕하십니까?" 하고 인사한다. 이와 같
은 방법은 전화를 통한 대화에서도 통하는 방법이다.

　자신을 소개할 때에는 언제든지 공감을 갖고 상대방의 말에 능동
적으로 귀를 기울이는 사람이 되어야 한다. 말하는 사람은 배울 수 없
지만, 듣는 사람은 많은 것을 배울 수 있는 것이다.

　인간은 항상 새로운 교제와 새로운 친구들을 찾는다. 낯선 사람들

과도 쉽게 대화를 할 수 있다. 대화를 할 때는 상대방을 응시해야 한다. 상대방의 말에 동의를 할 수 없을지라도 상대방의 말에 귀를 기울여야 한다.

상대방을 동등한 인격자로 대해야 한다. 어리석고 무지하게 보이는 사람에게도 귀를 기울여야 한다. 이것은 그들 역시 할 말이 있기 때문이다.

상대방에게 부담을 주지 않는 범위 내에서 질문을 해야 한다. 상대로부터 특별한 자질을 발견하면 진심으로 칭찬을 해야 한다. 상대로 하여금 말을 할 수 있도록 하면, 상대를 알게 된다.

쉽게 사이 좋은 인간관계를 맺도록 하는 것이 좋다. 자신의 말에 대해서 어떤 반응을 보일지에 대해서 생각하지 말아야 하며, 그들의 마음을 읽으려고 하지도 않아야 한다.

인간은 아무리 안정된 것처럼 보일지라도 자신들의 발전과 우정을 위해 새로운 사람을 사귀기를 원하는 것이다. 따라서 낯선 사람들과도 사귀는 데에 꺼려해서는 안 된다. 그런데 대부분의 사람들은 노출과 거부에 대해서 두려움을 느끼고 있다. 따라서 친구가 될 사람이나 사업의 동반자로서 또는 고객으로 사람을 만날 때에는 자기중심에서 벗어나 봉사하는 마음 자세로 대해야 한다. 관심의 대상은 자기자신이 아니라 상대방이다. 상대방에 대해서 마음속 깊이 관심을 가질 때 상대는 이것을 느끼게 된다. 그들이 비록 그것을 말로 표현하지 않을지라도 말이다.

그러나 상대방은 행동으로 나타낸다. 이와 반대로 자기자신에게

만 관심이 있는 사람들과 대화를 할 때는 기분이 좋지 않은 표정이 나타난다. 이것은 "아무리 더 들어봐야 나는 관심이 없다."는 무언의 의사표시이다.

사람의 혀는 거짓말을 할 수 있다. 그러나 몸은 본능적으로 행동한다. 즉 무의식적으로 솔직하게 표현한다. 창의성에 대한 장에서 설명했지만, 왼쪽 뇌가 언어를 통해서 의사전달을 하는데 반해, 오른쪽 뇌는 몸의 언어, 표현 등의 느낌을 통해서 의사전달을 한다.

사람들은 무엇이 일어났는지 확실히 알지 못하면서도 자신들의 의도와 느낌을 전달한다. 이러한 이유 때문에 전인격에 귀를 기울여야 하는 것이다.

성공적인 의사 전달자는 모든 사람들이 서로 다르게 보고 듣는다는 것을 안다. 인간은 자신이 준 것을 되돌려 받으려는 경향이 있기 때문에 건설적이고 창조적인 생각으로 자신을 투시하는 것이 좋다. 만일 사랑받기를 원한다면 '사랑스러운 언어'로 말할 필요가 있다.

🖋️ 커뮤니케이션을 위한 10단계

1.의사소통하기에 너무 늦은 때란 없는 법이다. 상대의 반응이 어떻게 나올지 두려워하지 마라. 커뮤니케이션의 실패는 소문이나 와전으로 인해 급속히 채워진다는 사실을 기억하라.

2. 커뮤니케이션 과정에서 항상 지식이 중요한 것은 아니며, 또한 민감성이 정확한 것도 아니고, 동정이 이해하는 것도 아니다. 공감은 상대의 신을 신고 1마일 걷기 전까지는 나타나지 않는다.

3.커뮤니케이션의 성공은 바로 자신에게 책임이 있다. 귀를 기울이는 사람으로 상대방의 말을 듣는 데에 책임을 다해 말하는 자로서 상대가 이해하도록 하는 데에도 책임을 져야 한다. 항상 100% 정성을 쏟아라.

4.다른 사람의 눈으로 당신 자신을 보라. 사무실에서 자신에 대한 인상이 어떤지를 생각해보라.

5.진리에 귀를 기울이고 진리를 말하라. 광고나 유행을 쫓는 탐욕의 희생자가 되지 마라.

6.열려진 마음으로 모든 것을 듣고 보라. 편견 없이 마음을 열어라. 그리고 동질성을 시험하고 찾을 수 있을 만큼 분석하라.

7.문제의 부정적인 측면보다 긍정적인 측면을 함께 보라. 그리고 긍정적인 측면을 추적하라.

8. 당신이 만일 사업가라면 마음으로 운전수나 종업원 또는 애인의 위치를 쉽게 바꿀 수 있는지를 생각해 보라.

9. 살아온 나날들로 돌아가서 자신이 참으로 매력을 느꼈던 사람이나 어떤 종류의 사람들에게 매력을 느꼈는지 되돌아보라.

10.마력이 있는 접촉을 발전시켜라. 오늘 그리고 자신의 삶이 끝나는 날까지 그것을 확장시켜라.

PART 9

강한 욕망을 가져라

성공은 욕망이라는 엔진이 움직인다

• • • 꿈은 욕망이 선행되어야 하며, 욕망을 수반하지 않은 꿈은
　　　힘이 없다. 방향이 없는 꿈은 실체가 없는 정신 풍토 속에서
　　　떠돌아다닐 뿐이다.

　　훌륭한 성공학자 중에는 '꿈을 쫓지 말고 행동하라.' 고 말하는 사
람도 있다. 물론 실행하는 일은 매우 중요하다. 그러나 실행하는 데에
는 욕망으로 가득찬 자신을 만들지 않으면 안 된다. 즉 욕망이 없으면
움직여지지 않는다는 것이다. 그러기 위해서는 먼저 꿈을 가지고 간
절히 바라고 원해야 한다.

　　왜 그럴까? 욕망의 불이 타올라야 행동으로 옮겨지며, 이 욕망의
불에 불씨를 붙이는 것은 꿈에 그리던 비전이기 때문이다.

　　이 움직이는 세계는 커다란 꿈을 가진 인간의 것이다. 새로운 기
술의 개발, 새로운 발명과 발상으로 이제까지와는 다른 방법으로 고
안해 내는 일 등 이러한 일은 인생에 있어서 언제나 갈망하는 일이다.

　　실업계, 금융계 특히 지도자라고 불리우는 사람은 예외 없이 큰 꿈
을 갖고 있다. 꿈을 실현시키고 싶은 욕망 또한 강하다. 인류가 큰 꿈

을 갖고 있지 않았다면 우리는 오늘날까지 동굴에서 살았을지도 모른다.

성공행 로켓을 발사대에 올려 놓기 위해서는 "이렇게 하지." "이렇게 하겠다."는 등의 불타는 욕망을 행동으로 연결시킬 필요가 있다.

꿈은 욕망이 선행되어야 하며, 욕망을 수반하지 않은 꿈은 힘이 없다. 방향이 없는 꿈은 실체가 없는 정신 풍토 속에서 떠돌아다닐 뿐이다.

성공의 꿈을 이루려는 불타는 욕망은 그 자체가 에너지를 발산하는 강한 힘이다. 꿈을 꾸는 인간이 목표에 도달할 수 있도록 도와주는 것이 바로 이 에너지다.

위대한 꿈이 갖는 힘을 과소평가해서는 안 된다.

존 템플튼은 고교 시절을 테네시 주의 윈체스터에서 보냈는데, 당시 그의 나이가 17세에 불과했지만, 당시 미국을 산업대국으로 만든 기업인들과 경영자들에 대해서 흥미를 가지고 있었다.

그는 언젠가 이런 대기업들의 경영자와 함께 일을 해보겠다는 꿈을 품었다. 그는 나이가 아직 어린 때지만 그의 인생의 목표는 그때부터 싹트고 있었다.

예일대학에 입학했다. 물론 경영과를 택했다. 경영뿐만 아니라 회사 재무구조에 대해서 알기 위해 회계학도 공부했다.

그런데 대학 2학년 때 부모로부터 좋지 않은 소식이 왔다. 경제사정이 어려워서 더 이상 학비를 보내 줄 수 없다는 것이다. 그러나 그는 포기하지 않았다.

존은 '욕망' 덕택으로 간단히 결정할 수 있었다. 어떻게 해서든지 대학을 졸업하겠다고 결심했다. 끝내 그의 소원은 이루어졌다.

성적이 좋아 장학금을 타게 된 것이다. 아르바이트를 해서 식비를 조달할 수 있었다. 그로부터 3년 후 경영학사와 함께 명예의 로오드 장학금과 우등생 클럽인 피베트 컵의 회장이 되었고 훌륭한 성적으로 졸업을 했다.

그 후 2년 간은 영국의 옥스퍼드 대학에 유학하여 수사학을 땄다. 이것은 훗날 경리, 재무 방면으로 진출하는 데 큰 도움이 되었다.

미국에 돌아온 존은 뉴욕으로 진출, 자기 목표를 향해 발 벗고 나섰다. 첫 진출은 어느 큰 증권회사였고 최초의 직책은 신설된 지 얼마 안 되는 투자 상담부 담당직원이었다.

그러나 얼마 안 되어 친구가 모 회사에서 젊은 경리부장을 한다는 얘기를 들었다. 내셔널 지오그래피컬이라는 석유 탐광회사였다. 존은 즉시 그 회사에 입사했다. 회사의 경리업무에 보다 자신이 있었기 때문이다.

4년 동안 그 회사에서 일했다. 그의 업적은 두드러진 것이었으나 최초의 투자 회사와 같은 곳에서 다시 한 번 일해 볼 기회를 노리고 있었다. 드디어 그 기회는 찾아왔다.

어느 투자 상담의 베테랑이 퇴직하려고 한다는 정보를 입수했다. 그 사람은 훌륭한 단골 고객들을 갖고 있어 그 권리를 5천 달러로 판다는 것이었다.

이것은 대단한 모험이었다. 존 자신이 그 사실을 잘 알고 있었다.

5천 달러라면 지금까지 모아둔 돈을 모두 털어놓지 않으면 안 되는 것이며, 그 고객을 인계 받는다 해도 그에게 확실히 인계된다는 보장도 없었다.

투자 상담이란 일은 개인적인 일이며 고객의 신용을 얻어야 한다는 직업이다. 마치 한 집안의 건강을 맡고 있는 가정의와 같은 것이다. 그러나 자기 힘으로 거부가 되겠다는 존의 야심은 여러 가지 망설임을 없앨 수 가 있었다.

그리하여 그 권리를 매수하여 고객 한 사람 한 사람을 찾아 돌아다녔다. 그리고 솔직하게 자신의 모든 것을 얘기했다. 고객들은 그의 열성과 솔직함에 감명을 받고 '그렇다면 하는 수 없지요. 당분간 당신과 시험적으로 거래를 해 볼 수밖에……' 라고 말해주었다. 그때 존의 나이는 28세였다.

2년의 세월이 흘렀다. 종업원의 인건비라던가 일반관리비 등을 지출하는데 어려움이 많았다. 그리고 3년째에 겨우 싹이 트기 시작했다. 고객의 수가 부쩍 늘었다. 드디어 독립하겠다는 그의 야망이 완전히 성공을 거둔 것이다.

오늘날 그는 탬플튼 밴즈 투자상담회사의 사장으로서 연간 수백억 달러 규모를 갖추고 있으며 또 큰 상호금융의 대표를 겸하고 있을 뿐아니라 그밖의 여러 개 회사를 소유하기에 이르렀다. 결국 그는 테네시의 고교시절의 꿈을 30대에 이루어낸 것이다.

강력한 욕망이 있으면 거부의 꿈은 이루어질 수 있다. 성공이란 쟁취하려는 노력의 마음과 몸의 결정에 지나지 않는다. 그리고 이 노력은 강한 욕망에서 생기기 때문에 욕망은 운명을 개척하는 힘이 된다.
강한 욕망은 때로는 깜짝 놀랄만한 결과를 가져온다.

원하는 것과 욕구하는 것

● ● ● 욕망이야말로 거부가 될 수 있는 높은 옥탄가의 가솔린이
다. 이것이 없이는 거부가 될 수 없다.

수년 전의 일이다. 뉴욕의 한 병원에서 그 달의 전화비가 평상시보다 엄청나게 많이 나온 것을 알고 조사를 한 일이 있다. 원인이 아이를 낳기 위해 입원한 아이런 포드 부인의 병실이라는 사실이 밝혀지자 병원측은 놀랄 뿐이었다.

포드 부인은 아직 규모는 작지만 이제 막 성장궤도를 달리고 있는 패션 모델 중개업을 하고 있었다. 입원 중에도 평상시와 다름없이 비즈니스를 하려는 열성 때문에 병실을 임시 사무실로 하여 모델과의 계약과 알선에 계속 전화통을 쥐고 있었던 것이다.

이러한 욕망, 즉 그녀가 비즈니스를 성공으로 이끌려는 열정과 노력으로 오늘날 아이런 부부의 공동 경영체인 '포드 모델 에이젠시' 는 방방곡곡에 알려지게 된 것이다.

아이런은 성공하게 된 이유를 이렇게 설명했다.

'자기의 운명은 자기의 힘으로 개척해 나가는 것이기 때문에 스스로 욕망을 불러 일으킨 것입니다. 참으로 필요한 것은 반드시 손에 들어오도록 되어 있지요. 그냥 손만 비비고 있어서는 안 됩니다. 그것을 손에 넣을 수 있도록 무엇인가 노력을 하며 열심히 일하면 반드시 내 것이 됩니다.'

욕망이야말로 거부가 될 수 있는 높은 옥탄가의 가솔린이다. 이것이 없이는 거부가 될 수 없다.

인간에게는 두 가지 종류의 타입이 있다.

첫째 타입은 태연히 앉아서 감 떨어지기를 기다리면서 화려한 장밋빛 꿈을 그리는 인간이다. 아무런 노력도 없이 물건을 손에 넣고자 하는 비위 좋은 인간이다.

둘째 타입은 행동파 인간이다. 필요하다고 강렬하게 느끼며 원하는 것을 행동으로 손에 넣는 인간이다. 실제적 행동에 스스로 투신하여 필요한 것을 획득하려고 노력을 경주하는 인간이다.

세상을 얕봐서는 안 된다. 꿈을 그대로 현실화 할 수 있는 마술사는 이 세상에 없다. 그러나 마음속에 반드시 하겠다는 강한 욕망이 있으면 그것은 기적에 가까운 일을 해 준다.

원하는 것과 욕구하는 것은 다르다. 원하는 것은 영양실조를 일으킨 욕구라 할 수 있다. 원한다는 것은 영양실조를 일으킨 욕구라 할 수 있다. 원하는 것은 약한 자가 하는 짓이다. 원하는 것만으로는 거부의 길을 돌진할 수 있는 힘이 생기지 않는다. 욕구하는 것이야말로 옥탄가가 높은 연료로서 성공의 길을 힘차게 드라이브 할 수 있는 것이다.

중견 층의 관리자나 젊은 층의 세일즈맨들을 만나면 자주 이런 말을 듣는다.

　'선생님께서는 운이 참 좋으십니다. 자기가 좋아하는 일을 할 수 있으니 말입니다. 나도 내 마음에 드는 일을 하고 싶은데 현실이 그렇게 허락하지 않는답니다.'

　이런 말을 들을 때마다 느끼는 것은 인간에게는 결국 두 가지 타입의 형태가 있어서, 한두 마디만 얘기를 해보면 '아, 이 사람은 말뿐인 사람으로 아무 일도 자기 힘으로는 할 수 없는 인간이로구나…' 하는 사실을 알게 된다.

　그는 원하고 있을 뿐 자기 힘으로는 한걸음도 나아가려고 하지 않는다. 자기가 하고 싶다고 말하면서 무엇이 하고 싶은지도 모른다. 또 그것을 자기 힘으로 찾아보려고 생각조차 하지 않는 사람이다.

　스스로 원하는 것을 강한 욕구로 받아들이지 않으면서 여전히 장밋빛 꿈만 꾸고 있다. 자주성이 없기 때문에 현재의 일 가운데서도 얼마든지 다른 사람보다 뛰어날 수 있는 기회가 있는데도 못 본 체 놓치고 있는 것이다.

　원하는 것을 욕구하는 것으로 전환하지 않으면 안 된다. 그러나 실망할 필요는 없다. 최초에는 막연하고 약한 '원함'이었다 할지라도 강한 욕망으로 전환시킬 수 있기 때문이다.

　이 전환이 이뤄지면 앞으로 추진할 수 있는 힘이 생기기 마련이다. 원함을 욕구로 전환시키는 것은 당신도 할 수 있는 일이다.

　'보다 일찍 무엇을 하고 싶은가를 잘 알고 있었다면 이제까지 허송

세월을 하며 되는 대로 인생을 살아오지 않았을 텐데…' 라며 후회하는 사람이 많다. 진정 바라는 것이 무엇인지 알았더라면 보다 일찍 그것을 손에 넣었음에 틀림없다.

그러나 지금까지 헛되었다 해서 과거에 사로잡히거나 좌절해서는 안 된다. 생각이 행동을 규제하는 이상, 또 생각이라는 것을 자신이 컨트롤 할 수 있는 이상 욕망은 스스로 창조할 수 있는 것이다.

03 무엇이 하고 싶은가에 초점을 맞추라

● ● ● 자유로우며 아무런 속박도 없다고 가정하고 자기가 선택하
고 싶은 것을 종이 위에 리스트를 작성해 보라. 머리에 떠오
르는 것을 무엇이든지 써보라.

욕망은 개인에 따라 다르다. 욕망이란 원래 그런 것이다. 인간은 개
인적인 존재에 지나지 않지만, 그래도 공동의 욕망을 각각 가지고 있
다. 그렇기 때문에 우리는 서로 도우면서 살아가고 있는 것이다.

그러나 독자적인 경험을 갖고 그 경험을 통해서 거부가 되고 싶은
것 또한 사실이다. 인간은 선택이 있는 세계에 살고 있다.

'어떤 경험을 해볼까?' 라는 선택의 권리는 인간 한 사람 한 사람이
누구나 가지고 있는 것이다. 직장이나 사업의 종류를 선택할 권리도
가지고 있다. 이런 특권이 없다면 진정한 의미에서의 개인의 존재란
생각할 수 없다.

욕망이란 개인적인 경우가 많다. 이 세상에는 똑같은 인간이 공존
할 수 없기 때문에 똑같은 욕망은 없다.

명확한 선택을 하면 정신이 건강해진다.

현재 자기가 처해 있는 환경이나 나이 따위는 무시하고 뭔가 되어 보고 싶고, 어느 정도의 부를 이루고 싶다고 생각하는 것에 대하여 곰곰이 생각해 보라. 온갖 제한이 뒤따를 것이다. 그러나 마음에 둘 필요는 없다.

'원하는 대로 될 수 있을까, 부러워한다고 손에 돈이 들어올 리가 없지' 하며 여러 가지 생각이 떠오를 것이다. 할 수 없다고 내리는 이유들은 모두가 수긍할 만한 점이 있다. 그러나 단 5분만이라도 그런 이유를 잊도록 하자.

자유로우며 아무런 속박도 없다고 가정하고 자기가 선택하고 싶은 것을 종이 위에 리스트를 작성해 보라. 머리에 떠오르는 것을 무엇이든지 써보라. 선택한 것이 터무니 없고 비현실적이라는 생각이 들더라도 그다지 기분이 나쁘지 않을 것이다.

리스트가 작성되었다면 내용을 검토해보라.

첫째로 현재 경험하고 있는 것이나 상황에 관련된 것이 리스트에 끼어 있거나 그만큼 기쁜 일은 없을 것이다. 이미 자기가 하고 싶은 일을 어느 정도는 경험하고 있기 때문이다.

반대로 그러한 것이 전혀 기재되어 있지 않을 경우라도 섭섭해 할 필요는 없다. 자기 발전을 위해 이러한 경험을 해본 사람들의 약 80%는 뭔가 되고 싶다는 생각, 하고 싶다는 생각, 손에 넣고 싶다는 생각들을 자기의 현실로 여기지 않기 때문이다.

바라는 대로의 인간이 되지 않는다. 바라는 부를 이룰 수 없다는 원인은 단 두 가지 밖에 없다.

① 바라는 것을 달성할 만한 힘이 자기에게 있다고 믿지를 않는다.

② 믿음이 있다 하더라도 바라는 대로의 결과를 얻을 만큼 욕망이 강하지 못하다.

욕망은 성공을 가져오는 강한 힘이 될 수 있지만, 그것을 믿을 수가 없다면 아무것도 이룰 수 없다. 우리는 자기를 위해 얼마든지 훌륭한 일을 기대할 수 있다. 그러나 단지 바라는 것만으로 끝낼 일이 아니다. 정말로 자기의 것이 된다는 믿음이 없으면 결코 욕망은 실현되지 않는다. 욕망이 가득 차 있으면 마음이 초조해지는 원인이 되며, 긴장하게 된다.

🌱 욕망을 갖기 위한 10단계

1. 자기가 간절히 원하는 것을 마음 속에 정확하게 작성해둔다. 막연하게 부자가 되겠다든지 하는 식이 아니라 몇 년 후엔 얼마의 재산을 가진 부자가 되겠다는 식으로 구체적이어야 한다.

2. 그 목표를 달성하기 위해 무엇을 하겠다는 계획을 세워야 한다.

3. 날짜를 구체적으로 명기해야 한다. 즉 10년 후 언제쯤 또는 5년후 언제쯤으로 날짜를 구체적으로 명기해야 한다.

4. 욕망을 실현시킬 수 있는 분명한 계획을 작성해두어야 한다.

5. 구체적으로 무엇을 하겠다고 목표를 정했으면 모든 생각과 에너지를 그것에 집중한다.

6. 일단 실행하면서 행복감에 젖게 되며 에너지도 넘치게 된다.

7. 꿈에 그리던 욕망을 실현하기 위해서는 믿음이라는 거대하고 생산적인 구조가 필요하다.

8. 자기 발견의 리스트에 써 놓은 것이 조금이라도 실현가능한 것이면 당신이 추구해 볼 만한 가치가 있는 것이다.

9. 간절히 바라는 것들의 목록을 작성하여 그것을 A4용지에 메모한 다음 벽에 붙여 놓고 아침저녁으로 그것을 읽어라.

10. 간절히 바라던 욕망이 실현된 것처럼 생각하고 믿고 행동하라.

들여다 보는
심리학

데니스 웨이틀리외 지음
김용환 편역

2013년 12월 3일 초판 1쇄 인쇄
2013년 12월 7일 초판 1쇄 발행

펴낸이 마복남 ㅣ **펴낸곳** 경영자료사 ㅣ **등록** 1967. 9. 14(제311-2012-000058호)
주소 서울시 은평구 중산로 403-2
전화 (02)735-3512, 338-6165 ㅣ 팩스(02)352-5707
www.kybook.kr / E-mail :bba666@naver.com

ISBN 978-89-88922-067-5 03180